남자란 무엇인가

남자란 무엇인가

안경환 지음

남자는 왜
행복해지기가 어려울까?

홍익출판사

Contents

"아들아 미안하다. 나는 네가 딸이었으면 했단다."

첫 아들이 태어난 직후에 쓴 글이다. 솔직한 심경이었다. 나는 남자로 태어나 엄청난 특권을 누린 세대였다. 그러나 '남자답게' 사는 게 너무 힘들었다. 남자는 함부로 눈물을 흘려서는 안 된다, 목숨이 걸린 자리에서도 비겁해서는 안 된다, 열 살도 전에 이렇듯 비장한 언어에 짓눌린 삶이었다.

1948년생인 나는 문자 그대로 '대한민국'과 함께 태어나고 살았다. 내 세대의 평균보다 더 짙게 윗세대 문화를 접했다. 대학에 의탁하여 매년 새로운 젊은이들을 만나는 축복도 누렸다. 특정 세대의 포로가 되지 말고 특권의식도 열등감도 접고 살리라 수시로 다짐했다. 그러나 마음만큼 되지 않았다.

세상이 크게 달라졌다. 우리 사회를 묶어두었던 각종 고정관념과 편견의 벽이 차례로 무너졌다. 남녀의 구분도, 차별도 한결 엷어졌다. '남자답게'나 '여자답게'라는 말의 무게도 한껏 가벼워졌다. 전보다 엄청 잘 살게 되었다지만 더 행복해진 것 같지 않다. 여자든 남자든 힘들기는 마찬가지다. 세상의 변화에 적응이 더딘 남자가 더 힘든 것 같다.

이런 생각을 산만한 글에 담았다. 오래전에 제안 받았지만 주저했었다. 그러나 인생의 늦가을에 접어들면서 누구나 읽을 수 있는 책 한 권쯤은 남기고 싶은 욕망에 굴했다. 남의 글을 읽지는 않고 자기 목소리만 높이는 내 동년배들(따뜻한 '꼴통' ㅇㅂㅅ 형을 포함하여)도 몇 구절만이라도 성의 있게 읽어주었으면 한다.

2016년 늦가을에.

PART 1
/
남자의 본성

Chapter
01
—

남자의 뇌,
여자의 뇌

논리로 행동하는 남자와 감각으로 행동하는 여자,

말을 해야 인식하는 남자와 느낌으로 알아주길 바라는 여자,

결론을 중시하는 남자와 과정이 더 중요한 여자……

뇌에 관한 남녀 사이의 차이는 너무도 크다.

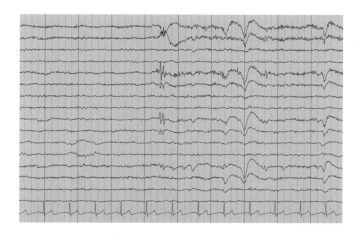

남자들이 좋아하는 두 가지

"남자가 진정으로 좋아하는 두 가지, 그것은 위험과 놀이다."

니체가 한 말이다. 남자가 좋아하는 두 가지에 언어로 하는 놀이는 들어 있지 않다. 남자아이의 언어 발달은 여자에 비해 평균 1년 정도 뒤떨어진다고 한다. 언어 발달의 장애로 특수교육을 받는 아이도 남자가 더 많다. 성인이 되어서도 남자는 여자만큼 말을 잘하지 못한다. 단적인 예로 미국 영화 〈터미네이터〉에서 아놀드 슈왈제네거의 대사는 세 단어 정도다.[1]

부부가 말로 싸우면 대체로 아내가 이긴다. 여자는 남자보다 빨리, 그리고 정확하게 말한다. 말로 이길 수 없는 남자는 화를 내거나 일방적으로 싸움에서 물러난다. 그때마다 여자와 싸우기가 좀스럽다거나, 아니면 대범하게 참아 넘긴다거나 등등 그럴듯한 변명거리를 만들어 낸다. 학문적 분류로서 '남자의 뇌'와 '여자의 뇌'를 나누기도 한다. 남녀의 성별이 아니라 개인에 따라 뇌의 구조에 차이가 있다는 것이다. 다음은 한 베스트셀러 서적의 카피 구절이다.

"심리학적인 측면에서 뇌는 비즈니스, 연애, 친구의 모든 인간관계를 주도한다!"

일본 작가 마쓰마루 다이고松丸大吾는《뇌가 섹시한 남자, 마음이 섹시한 여자男女腦戰略》에서 이렇게 말하고 있다.

"손을 내밀어보라. 약지가 검지보다 길면 당신의 뇌는 '남자의 뇌'다. 반면에 검지가 약지보다 길거나 거의 같으면 당신의 뇌는 '여자의 뇌'다."

논리로 행동하는 남자 대 감각으로 행동하는 여자, 말하지 않으면 인식하지 못하는 남자 대 느낌으로 알아주기를 바라는 여자, 결론을 중시하는 남자 대 과정이 더욱 중요한 여자, 남을 탓하는 남자 대 자신을 탓하는 여자 등등 남녀 뇌의 대비는 아주 풍부하다.[2]

여자 뇌의 또 다른 특징은 자기와 연관시키는 발상이다. 여자 뇌는 모든 사물에 감정이입을 하거나 누군가에게 자신을 대입한다. 잠을 잘 때 꾸는 꿈도 남자 뇌와 여자 뇌 사이에 차이가 있다. 남자 뇌는 사건을 객관적으로 보는 꿈이 많고, 여자 뇌는 자신이 주인공이 되는 꿈이 많다. 결혼식 꿈을 꾸어도 여자는 자신이 신부가 되는 꿈을 꾸지만, 남자 뇌는 결혼식을 중계하는 카메라맨의 관점에서 꾼다고도 한다.[3]

물론 생물학적 성별과 뇌의 성별이 일치하는 경우가 많다. 남자가 남자 뇌이고, 여자가 여자 뇌인 경우가 대부분이다. 그러나 현대사회에는 '초식남'이라 불리는 여자 뇌의 사고를 하는 남자도 있는가 하면 반대로 '여전사', 또는 '육식녀' 같은 남자 뇌의 사고방식을 가진 여자도 있다.[4] 남자의 15%는 여자 뇌 소유자이고, 여자의 10%는 남자 뇌의 소유자라는 의학 보고서도 있다. 물론 남녀의 차이는 뇌의 구조만으로 설명할 수 있는 것은 아니다. 인간의 심리적 요소도 못지않게 작용하기 때문이다.

여자들은 입소문을 좋아한다

어느 직종에서나 고객센터는 주로 여성이 담당한다. 여자가 선천적으로 소리에 민감하고 공감 능력이 뛰어나기 때문일 것이다. 여성들은 이중 언어의 테크닉도 뛰어나다. 상대의 발상을 '번역'하여 자신의 뇌로 '전환'하는 작업은 외국어 학습과 유사하다. 무의식중에 습득한 모국어와 의식적으로 습득한 외국어를 전환하는 시스템은 여자 뇌가 유리하다.

여자들은 입소문을 무척 좋아한다. SNS 등 온라인 정보나 입소문 정보를 바탕으로 결정을 내리는 여성들이 많다. 남자 뇌는 정보를 독점하고 싶어 하는 경향이 있고, 다른 사람에게 좀체 공개하지 않는다. 하지만 여자 뇌는 반대로 정보를 입수하면 즉시 누군가에게 가르쳐주려고 한다. 여자 뇌는 모두를 위해 정보를 공유하길 원하기 때문이다.

이에 비해 남자 뇌는 자신만이 정보를 가지고 있다는 것을 뽐내고 싶어 한다. 실제로 트위터나 페이스북을 보더라도 여자는 자주 리트 윗하고 투고한 글을 공유하는 반면에 남자는 정보를 얻어도 혼자 조용히 보기만 할 뿐 누구와 공유할 생각을 하지 않는다.[5]

남자 고등학생은 좋아하는 여배우 이야기는 해도 사귀는 여자나 연애에 관한 이야기는 거의 하지 않는다(가끔 '구라'는 친다!). 반대로 여고생들은 남자친구와의 적나라한 이야기를 동료들과 곧잘 나눈다. 이처럼 여자 뇌는 자신의 사생활을 밝히는 데 거부감이 없다. 이는 공감, 공유라는 특성을 가진 여자 뇌만 가능한 일이다. 이처럼 여자의 뇌가 의사소통 능력이 뛰어난 이유는 적극적으로 자신을 개방하는 데서 비롯된다.

'인지부조화cognitive dissonance'라는 심리학 이론이 있다. 자신의 신념과 행동 사이에 모순이 생기면, 즉 인지적 불균형 상태가 되면 심리적으로 불안해지기에 이를 해소함으로써 심리적 안정을 구한다. 예를 들어 '적나라한 사생활을 이야기하는 행동'은 '아주 친한 친구'에게만 사생활을 공개하는 생각과 모순된다. 따라서 그 모순을 해소하기 위해 생각을 바꾼다. '이 아이는 아주 친한 친구니까 내 사생활을 공개한 거야'라며 합리화한다. 의식적이든 무의식적이든 여자는 이런 인지부조화를 교묘하게 활용한다. 그래서 적극적으로 자기를 다 보여주기 때문에 서로 쉽게 친해질 수 있다.

그에 비해 남자 뇌는 '전유', '독점'과 같은 특성이 있어 자신을 개방하는 일에 무척 서투르다. 또한 남자 뇌는 '자기 완결형'이다. 남은 남이고, 나는 나라는 생각이 강해서 누가 소곤거리는 장면만 보더라도 자신과는 상관없는 일이라고 지나친다. 이때 여자 뇌는 다르다. '혹시 내 이야기를 하는 건 아닐까?' 하고 신경이 곤두선다.[6]

언어의 능력과 습관은 뇌의 구조와도 관련이 있다. 여자 뇌는 기억을 좌우하는 해마와 공감을 만들어내는 뉴런 영역들이 모두 활성화되는 반면에 남자 뇌는 대부분 본인의 기억만을 기반으로 타인을 판단한다고 한다. 사실이 그러하다면 남자는 공감 능력이 뒤지는 게 마땅하다.[7] 또한 여자의 뇌가 남자의 뇌보다 훨씬 밝고 색깔도 다양하다. 남자의 뇌보다 혈류량이 15%나 더 많고, 당연히 더 많은 활동을 한다. 말하고 생각하고 옛날 일을 기억해내고 다른 사람을 대할 때 여자와 남자 뇌가 확연하게 다르게 반응한다고 한다.[8]

남자들은 왜 우뇌를 편애할까?

좌뇌와 우뇌의 기능은 다르다. 우뇌는 직감과 감성을 담당하고, 좌뇌는 언어와 사고를 담당한다. 두 개의 뇌 사이에 '뇌량腦梁'이라는 신경 물질이 정보를 연결하는 교량 역할을 한다. 한 연구에 의하면 여자가 남자보다 좌뇌와 우뇌의 연결이 매끄럽고 양쪽 뇌를 균형 있게 사용한다고 한다.

대화라는 논리적 행위는 좌뇌가 담당한다. 우뇌와 좌뇌 사이의 정보 전달에 익숙한 여자 뇌는 능숙하게 언어를 이미지로 떠올리거나 느낀 점을 곧바로 언어화할 수 있다. 여자들의 수다를 엿들은 남자는 서로 통하지 않을 것 같은 말들을 절묘하게 엮어내는 여성의 소통력에 경탄을 금치 못한다.

반면에 남자는 대화를 나눌 때 주로 우뇌만 사용한다. 그래서 여자처럼 언어에 감정을 실어 차근차근 표현하는 데 매우 서툴다. 여자가 스트레스를 푸는 방법도 남자와 다르다. 넋을 놓고 마냥 쉬거나 멍하게 있는 경우가 드물다. 반면 남자들은 집에서 TV 앞에 앉아 화면을 응시하지만 내용에 집중하는 경우는 드물다.

남자 뇌는 동시에 여러 소리를 듣기 힘들다. 연인이 카페에 들어가면 남자는 애인의 목소리만 들린다. 그러나 여자는 반경 10미터 내의 다른 사람의 이야기를 대부분 듣는다. 여자는 읽기와 듣기를 동시에 집중할 수 있다. 지하철에서 책을 읽을 때, 옆 사람이 솔깃한 이야기를 시작하면 여자는 책을 읽으면서도 들을 수 있다. 종류가 다른 복수의 정보를 동시에 처리하는 것은 그야말로 멀티태스킹의 여자 뇌만 가능한 일이다.[9] 어느 휴일 날 온종일 빈둥거리는 남편에게 아내가 말한다.

"앉아서 TV만 보지 말고 빨래를 좀 개요. 그 정도는 TV 보면서도 할 수 있잖아요?"

하지만 이것은 싱글태스킹인 남편에게는 불가능한 일이다.[10] 한 실험 보고서에 의하면 악몽을 꾸는 횟수는 여성이 남성에 비해 더 많다고 한다. 여성이 가장 많이 꾸는 꿈은 누군가에게 쫓기는 꿈인 반면에 남성은 하늘을 나는 꿈, 갑자기 횡재를 하는 꿈, 낯선 미인을 만나는 꿈 등 즐겁고 흥분되는 내용의 꿈을 자주 꾼다고 한다. 이는 여성은 남성보다 불안증을 겪을 위험이 높기 때문이다. 또한 여성은 자신의 불안감에 집착하기에 꾸었던 꿈을 잘 기억한다. 여성과 남성에게 '어제 꾼 꿈'을 옮기라고 하면 여성은 매우 구체적이고 명확하게 이야기하는 반면 남성들은 그렇지 못하다.[11]

소통 능력이 뒤지는 남자는 침묵으로 위기를 넘기는 성향이 강하다. 말하지 않는 편이 낫다는 생각이 남자들의 마음속 깊이 침투되어 있다. 자신이 눈치 챈 것, 알고 있는 것, 느낀 것을 굳이 말하지 않아도 상대가 눈치로 알고 있다고 여기고 차라리 말하지 않는 편이 낫다고 생각해버린다. 내놓고 솔직하게 말했다가 상황이 더 나빠진 경험 탓도 있다. 그러나 남자의 침묵의 소통방식은 부부는 물론 부모 자식 사이에도 나쁜 영향을 미친다.[12]

연인들의 데이트 도중에 남자가 갑자기 침묵하면 여자는 스트레스를 받는다. '왜 화났어? 뭐 기분 나쁜 일이 있어? 나 때문에 화났어?' 그러나 남자는 아무것도 생각하지 않는다. 단지 이야깃거리가 없어져서 침묵할 뿐이다. 그래서 남자는 '별로 할 말이 없어'라고 솔직하게 답한다. 사실대로 논리적으로 말했을 뿐 특별한 의도는 없다. 하지만 남자 뇌는 그 말을 들은 여자가 상처받을지도 모른다는 생각을 하지 못한다. 당연히 여자는 화가 난다.

"뭐야, 데이트가 재미없단 말이야? 그만 집에 가!"[13]

남자들은 자꾸 나를 가르치려 든다

"남자는 알고 있는 지식을 말하고, 여자는 즐거운 일을 말한다."

　루소의 말이다. 남성은 자신이 좋아하는 것을 이야기하고, 여성은 자신이 필요한 것을 이야기한다는 말도 있다. 여성에게는 대화 자체가 중요하다. 여성에게 수다는 중요한 소통 수단이다. 여성의 절반 정도가 일주일에 한 번은 특별한 일이 없어도 친구와 전화로 대화한다.

　반면에 남자는 '단순한 대화' 때문에, '그냥 심심해서' 전화하는 경우는 드물다. 여성은 대화를 이어가기 위한 노력을 많이 한다. '나도 그래' 하고 맞장구치고 공감을 표한다. 여성이 참여한 대화는 '그래서?', '어떻게 느꼈어?' 등등 연결어가 풍부하다. 남성은 다르다. 평소의 인간관계보다는 목전에 닥친 일을 처리하는 데 비중을 둔다. 대화할 때 자신의 취약점을 잘 드러내지 않는다. 누군가가 고민을 털어놓을 때도 공감보다는 조언하려 든다. '걱정할 것 없어', 또는 '네가 지금 해야 할 일은 이거야' 등등 자신이 결론을 내린다.

　남자는 지배력을 드러내고 자신의 위상을 높이는 데 대화의 의미를 둔다. 자신이 먼저 말하고, 상대방의 말을 자르기도 한다. 남자는 대화를 일종의 게임으로 생각하는 경향이 강하다. 남자는 동사 없이는 대화가 안 되지만 여자는 명사만으로 충분히 대화가 된다. 남자는 '나'를 이야기하고, 여자는 '우리'를 이야기한다. 여러 가지 관점에서 남녀의 대화법에 큰 차이가 있다는 전문가들의 연구가 축적되어 있다.

여성주의자 아내는 순종적인 아내보다 더 말이 많다. 당연한 이치다. 남성의 편견에 맞서서 상대방을 설득해야 하기 때문이다. 화자의 직업과 사회적 역할에 따라 차이가 있다. 의사는 환자보다 더 많이 끼어든다. 법률가는 먼저 나서지 않고 최종 결론을 내리고 싶어 한다.[14] 문제는 여성의 입장에서 볼 때 남자의 세계에 '끼어들기냐', 아니면 '새판 짜기냐'[15]이다. 남자는 대화의 상대를 배려하는 미덕이 약하다. 또한 남성은 눈으로 몸으로 대화하는 데 취약하다. 그래서 나온 말이 이것이다.

"대화란 모국어든 외국어든 개성과 개성의 만남이요 부딪침이다. 남녀 사이에 통역을 두고 대화하는 것처럼 우스꽝스러운 장면은 없다."[16]

'Mansplain'이란 미국 영어 단어가 있다. 2010년경에 비로소 사전에 등재된 어휘로, 남성의 독선적인 대화법을 지칭하는 말이다.

"남자들은 아직도 자꾸 나를 가르치려 든다. 그리고 내가 알고 그들은 모르는 일에 대해서 내게 잘못된 설명을 늘어놓은 데 사과한 남자는 아직까지 한 명도 없었다."

미국의 여성학자 리베카 솔닛Rebecca Solnit이 《남자들은 자꾸 나를 가르치려 든다Men Explain Things to Me》에서 쓴 체험적 고발이다. 그녀의 개인적 체험이 어느 정도 보편적 호소력을 확보할지는 의문이다. 그러나 특별히 사려 깊지 않은 남자의 일반적 속성을 잘 표현한 말이 아닐 수 없다.

남자의 눈물

"여자들은 모두 여자로 태어난다. 그러나 남자는 문화에 의해 만들어진다."

미국의 인류학자 마거릿 미드Margaret Mead의 진단이다. 그런가 하면 리베카 솔닛은 여자는 감정을 표현하는 경향이 있는 반면에 남자는 감정의 마스크를 쓰거나 감정을 행동으로 해결하는 경향이 있다고 말한다.

고대 중국의 어머니는 다음과 같은 말로 남자아이들에게 감정을 억제하라고 가르쳤다.

"강한 남자는 피를 흘리기 전에 눈물을 보이지 않는다."

일본에서도 마찬가지로 남자아이에게 눈물을 억제하고 자신의 감정을 남에게 털어놓지 말라고 가르친다. 이런 이유로 대부분의 남자아이들은 함부로 눈물을 흘리는 것은 부끄러운 일이라고 생각한다. 그래서 남자아이와 엄마, 남편과 아내 사이에 자신의 감정을 토로하는 일이 미국보다 적다.[17]

남자는 눈물과 눈물샘으로 감정을 조절하기보다는 다른 방법으로 감정을 처리하거나 다스린다. 동성 멘토나 친구들은 이 사실을 알고 있다. 여성 작가 김형경은 이렇게도 말한다.

"남자들은 언어나 눈물로 감정을 표현하지 않는다. 그들은 행동으로 감정을 표출한다. 자동차를 몰고 고속도로를 질주하는 듯 끊임없이 달리는 그들의 행위 속에 감정의 모든 요소들이 표현되고 있다. 호의와 신뢰, 배신과 분노, 환희와 좌절 등이 화면 전체에 흘러넘치는 것이 보였다."

남자가 눈물을 보일 수 있는 상황은 일생에 단 세 차례밖에 없다는 말이 있다. 첫째는 태어났을 때, 둘째는 부모가 죽었을 때, 셋째는 나라가 망했을 때다. 우리 세대는 어린 시절부터 이렇듯 비장함을 강요받고 자랐다. 울지 않는 훈련에 습관이 들면 눈물을 아주 잃어버린다. 그런 남자는 연애에 서투르다. 울지 않는 남자보다 잘 우는 남자가 더욱 여자의 사랑을 받는다. 일본 작가 시오노 나나미鹽野七生는 《남자들에게男たちへ》에서 이렇게 말한다.

"남녀 관계에서 '유종의 미'가 중요하다면 어느 한쪽이 눈물을 흘리는 편이 낫다. 헤어지면서 흘리는 눈물은 남자가 흘리는 눈물 중에 유일하게 용서받을 수 있는 일이 될 것이다."

다음은 한 유명작가의 솔직한 고백이다. 평소 몸가짐에 한 치의 흐트러짐도 없는 모범적인 가장으로 살았던 그가 중년에 들어 단 한 차례 애인을 두었다. 둘 사이가 깊어지면서 심각한 내적 동요가 일었다. 장성한 아들에게 털어놓았다. 야속하게도 아들은 아버지의 세계를 용납할 수 없었다. 남은 문제는 어떻게 헤어질 것인가였다.

혼자서 고심을 하다 여자 문제라면 자타가 공인하는 그 방면의 도사인 선배 문인 두 분을 찾아 조언을 구했다. 한 사람은 소설가, 연륜이 더 깊은 다른 한 사람은 시인이었다. 둘이 내놓은 처방은 달랐다. 소설가의 처방은 서사적이었다.

"진지하게 설득하라. 상대도 이미 각오하고 시작한 일이니 충분히 이해할 것이다."

보다 경험이 많은 시인의 처방은 달랐다.

"그저 아무 소리 말고 울어라. 왜 우느냐고 물어도 답하지 말고 마냥 울기만 해라."

가히 시적인 처방이라고 할까? 둘 중 누구의 처방을 따랐는지, 그 처방이 효험을 보았는지, 궁금한 독자는 직접 시험해보시기를.

섹스, 그리고 남자의 허풍

"섹스와 관련된 질문에는 거짓말을 해도 좋다."

탈무드의 잠언이다. 다음은 1986년 미국에서 출간된 한 연구 보고서의 구절이다.[18]

"열 명의 남자 가운데 단지 한 명 정도만이 일, 돈, 결혼 문제를 함께 이야기할 남자친구가 있다. 또한 스무 명 가운데 한 명만이 자신의 감정이나 성적 문제를 털어놓을 수 있는 친구가 있다. 남자들의 친구 관계의 유형 중 가장 보편적인 행태는 한 남자가 여러 친구들을 갖는 것이다. 그들 친구들은 그 남자의 자아 중 특정 측면과만 관계를 맺는다. 따라서 어느 누구도 한 남자의 전체를 알지는 못한다."

이 보고서는 남자가 자신의 속내를 완전히 드러낼 수 있는 상대는 대체로 다른 남자보다 여자일 가능성이 높다고 한다. 여성들은 남자들이 왜 자신의 성 경험을 떠벌리는지 도저히 이해가 되지 않을 것이다. 김형경은 이렇게 말한다.

"여성의 입장에서는 은밀하고 소중한 경험인 그것을 저열한 방식으로 떠들어대면서, 마치 자기 자신을 내팽개치는 듯한 태도로 까발리는지 믿을 수 없었다. 섹스 파트너에 대한 최소한의 배려조차 없는 행동으로 보였다."

그 이유는 간단하다. 대부분 지어낸 말이기 때문이다. 거짓 이야기를 그럴듯하게 각색하기 위해 특정 여성을 대상으로 선택했을 뿐이다. 그게 유명인이든 실제 인물이든 상관없는 일이다. 특히 사내들이 군대생활 중에 주고받는 성 경험 이야기는 100% '뻥 & 구라'라고, 김정운은《나는 아내와의 결혼을 후회한다》에서 호언장담한다. 사내들은 이런 이야기를 할 때 무한한 해방감과 행복감을 느낀다면서, 그게 바로 군대의 속성이자 남자의 속성이라고 김정운은 덧붙인다.

프랑스 철학자 자크 라캉Jacques Lacan은 남자의 특성을 요약하는 한 단어로 '퍼레이드parade', 즉 구애용 과시를 들었다.[19] 다음은 프랑스

작가 미셸 투르니에Michel Tournier의 산문집《외면일기Journal Extime》의 한 구절이다.

"남자들은 자기 내면의 불안을 마주하지 않기 위해 감정 전체를 콘크리트로 밀봉해놓고 지낸다. 감정을 드러내지 않을수록 성숙한 사회인이라고 생각한다. 어쩌다 감정을 털어놓으면 그것을 나약함이라 인식하거나 심지어 패배감으로 느끼기도 하다. 남자가 자신의 감정을 솔직히 드러내는 행위는 미숙한 징징거림일 따름이다."

진화심리학의 연구에 따르면 남성이 여성보다 훨씬 더 방어적이라고 한다. 남성들의 유전자 속에는 항상 주위를 경계하는 특성이 만들어져 있다. 남녀가 함께 호텔을 들어갔을 때 양성의 판이하게 다른 반응을 연구한 보고서가 있다. 여자는 욕실을 점검하고 침대에 걸터앉아 안락함을 점검한다. 반면에 남자는 복도의 비상구를 확인하고 객실 창을 열어 바깥을 살피며 비상시의 퇴로를 생각하며 산책을 나가면 호텔 주위를 한 바퀴 돌며 사위를 경계한다. 그들은 마음으로만이 아니라 물리적으로도 항상 방어 상태에 있는 듯하다.[20]

"남자의 거짓말도 곧잘 사용하는 방어기제다. 남자들은 상대방과 자신을 보호하기 위해 거짓말을 한다. 연인을 두고 다른 여성을 만날 때, 아내가 싫어하는 지인과 등산이나 골프를 칠 때 남자들은 곧이곧대로 말을 하지 않는다. 솔직히 말하면 연인은 떠나려 할 테고, 아내는 잔소리를 할 것이다. '싸우거나 도망치거나Fight or Flight'는 경쟁을 기본 원칙으로 살아가는 남자들이 의존하는 생존법이다."[21]

거짓말, 핑계대기, 침묵 등은 남자들이 사용하는 심리적 플라이트이다. 그러나 여자들은 대체로 남자의 거짓말을 쉽게 간파한다. 결정적인 거짓이 아니면 속은 채 넘겨주기도 한다. 김형경은 또 이렇게 말한다.

"남자들은 경쟁사회에서 자기의 솔직한 속내를 털어놓는 것을 전장에서 갑옷과 투구를 벗는 행위쯤으로 생각한다. 자기가 털어놓는 비밀과 사생활이 언젠가는 경쟁자에 의해 자신을 공격하는 도구로 사용될지 모른다고 두려워한다. 무난한 사회생활을 하려면 자신을 보호하기 위한 거짓말이 필요하고, 타인의 거짓말도 적절히 눈감아주는 아량을 발휘해야 한다고 생각한다."

사실 거짓말은 약자의 생존법이다. 남자는 항상 불안 속에 사는 약자다.

남자의 질투가
더 무섭다

남자들은 일부러 고통을 찾아 나서고,

그 고통에서 얻는 영광의 상처를 과시하고 싶어 한다.

남자들은 용기와 용맹, 그리고 자신의 믿음에 따른 가치를 위해

희생하는 것을 동경한다.

남자는 영웅적인 삶을 원한다

"여자는 미인이든 박색이든 궁궐에 들기만 하면 질시를 받고, 선비는
어질든 어리석든 조정에 들기만 하면 의심을 받는다. 그래서 편작은
뛰어난 의술 때문에 화를 입었고, 창공은 은둔해 살았어도 형벌을 받
았다."

사마천의《사기》에 나오는 문장이다. 질투는 인간 문명의 동력이다.
남자의 질투가 더 무섭다. 질투 때문에 살인을 예사로 한다. 구약성서
〈창세기〉에 등장하는 카인과 아벨의 이야기는 질투와 문명의 상관관
계에 관한 심리학적 알레고리다.

최초의 인간 아담에게는 두 아들이 있었다. 맏아들 카인이 동생 아
벨을 죽인다. 신이 아벨의 제사만 받자 질투한 나머지 뒤에서 때려죽
인 것이다. 그러고는 '네 아우는 어디 있느냐?'라는 여호와의 추궁에
'제가 아우의 지킴이입니까?'라며 시치미를 뗀다. 흥미롭게도 신은 카

인을 벌하지 않고, 오히려 특별한 상징을 부여해서 다른 사람들이 카인을 죽이지 못하게 만든다. 바로 '카인의 징표'다. 그 뒤 카인은 신이 만든 에덴동산을 떠나 새로운 도시를 건설한다. 인간문명이 질투로 시작된 셈이다. 이렇듯이 질투를 뜻하는 '카인의 징표'는 인류에게서 영원히 뗄 수 없는 인간심리의 본질이다.[22]

경쟁사회에서 질투는 사회 전체의 생산력의 증대에 크게 기여하지만 구성원 사이의 갈등과 반목의 주된 원인이 되기도 한다. 노자는 경쟁사회에서 세상의 1인자가 되지 말라고 가르쳤다.[23]

"나에게는 세 가지 보물이 있으니, 영원토록 간직하고 소중히 여길 것이다. 첫째는 인자함이고, 둘째는 검소함이며, 셋째는 남의 앞자리에 서지 않는 것이다. 인자하기에 두려움 없이 용감할 수 있고, 검소하기에 길이 풍족할 수 있으며, 남의 앞자리에 서지 않기에 만물의 우두머리가 될 수 있다."

노자가 말한 세 가지 보물은 도와 덕의 사회적 실천을 뜻한다. 잔혹한 전쟁을 경험한 노자는 나라를 태평하게 하는 것이 세 가지 보물이라고 믿었다. 그러나 노자의 강론은 세속의 삶에서 따르기 어렵다. 세상은 언제나 무리 중에 가장 앞선 존재를 주목한다. 여럿 중에 우뚝 선 존재가 되고 싶은 것이 사내의 본성이다. 그런 사내의 행보는 '대의大義'라는 이름으로 포장된다.

"남자들에게서 대의를 빼앗아버리면 존재할 이유가 없다."

오래된 독일 속담이다. 예로부터 남자는 영웅의 삶을 갈구한다. 영웅은 결코 침대에서 죽지 않는다. 대의를 찾아 집을 나서 온갖 고난과 모험을 극복하고 돌아와 승리의 영광을 공동체와 나눈다. 어느 나라 어느 민족에서나 전해 내려오는 영웅담 서사시의 전형이다.

남성성의 생물학적 핵심은 추진력과 한 인간과 남자로서 자신의 가치를 증명하는 의지로, 한마디로 말해서 '남자다움'이다. 그 남자다움의 행태로 가장 바람직한 것은 자기희생이다. 가족과 주변사람을 위해 희생할 줄 아는 강력한 남자의 모습이다. 그리고 최악의 행태는 잔인하고 주변사람에게 수치심을 주며, 파괴적이고 위험한 남자가 되는 것이다. 남자들은 개인적 가치와 힘을 추구하는 것을 최우선으로 삼는다. 남자들이 직장 업무를 끝내기 전에 가족을 직접 돌보는 경우는 드물다.

남자들은 일부러 고통을 찾아 나선다. 그 고통에서 얻는 영광의 상처를 과시하고 싶어 한다.[24] 남자들은 자신의 용기와 용맹을 과시하고, 자신의 믿음에 따른 고귀한 가치를 위해 희생하는 것을 동경한다. 우리나라에서도 6·25전쟁을 전후하여 이데올로기의 대립이 첨예할 때 조국과 결혼했다며 스스로 가족을 만들지 않고 목숨을 건 사내들의 이야기가 많다.

집 밖에서의 권력투쟁은 남자의 본능이다. 그러므로 남자가 자신의 권력과 자아의 실현을 위해 집을 떠나 직장이나 스포츠에 매진하는 것은 매우 유용한 일이다. 남자의 권력투쟁이 집 밖에서 벌어짐으로써 집 안에 남은 사람들의 평화가 보장된다.

'남자답다'는 말 속에는 전쟁에서 용감하게 싸우고 장렬하게 전사하는 이미지도 들어 있다. 전쟁이 없는 현대에는 경쟁에서 승리하는 것을 남성다움이라 여긴다.[25]

서울법대 여학생

남성 중심 사회가 유지되는 데 기여하는 여성들이 있다. 시몬 드 보부아르Simone de Beauvoir와 사르트르Jean Paul Sartre는 이런 존재를 '공모하는 여성'이라는 개념으로 정의했다. 미모를 큰 재산으로 삼아 남성의 지배체제 속에서 자신의 입지를 세우는 여자들도 많다. 외적 경쟁력에 더하여 내적 자신감을 겸비한 여성은 천하무적이다. 그러나 불행하게도 남성이 탐닉하는 여성의 미모는 지극히 수명이 짧다. '열흘 이상 피는 꽃은 없다'는 말은 결코 과장이 아니다.

페미니스트를 혐오하는 사람 중에는 이런 여성을 예로 들어 페미니스트 전체를 비하하기도 한다. 이른바 페미니스트 운동가들은 남자에게 인기가 없기 때문에 자격지심에서 그런 투쟁을 한다고 말한다. 반박할 일고의 가치도 없는 편견이지만, 문제는 이런 편견을 가진 사내들이 의외로 많다는 것이다. 여권운동의 전면에 나선 미모의 여배우들도 더러 있지만 그 숫자나 비율은 남자들의 편견을 잠재울 만큼 높지 않다. 대부분의 미녀들은 아름다움을 자산으로 이용하는 데 관심이 있을 뿐이다.

'공모하는 여성'의 제2유형은 '어떤 여성은 차별받지만, 나는 상관없다'라는 자세를 지니는, 소위 말하는 잘난 여성들이다. 남녀는 평등하다. 법적으로 여성의 진출을 가로막거나 제한하는 제도가 없는 한 차별은 없다고 이들은 판단한다. 1990년대 초에 누군가가 쓴 '서울법대 여학생'이란 풍자시가 돌았다.

서울법대 여학생
학력교사 무게에
평생을 가위눌려
틀 속에 갇힌
천형의 무기수

서울법대 여학생
사랑엔 신분 없다 외쳐대면서도
내 사랑은 최소한 연대 졸업생

서울법대 여학생
슬픈 여자 중학생
미팅 한 번 못하고
여관 구경 못해도

혼자서 다 아는 체

서울법대 여학생
수석 입학 수석 졸업
수석 출석 수석 불감
온갖 수석 독점해도
말석 교수 한 사람 못 만드는
천하의 둘치[26]

내가 재직하던 서울대학교 법과대학에는 당시까지 여성 교수가 한 사람도 없었다. 1990년대에 이미 여학생의 숫자는 전체 학생의 20%에 육박했지만, 여성 교수의 채용은 정식 의제로 오르지도 않았었다. 서울법대 여학생은 한국의 입시제도가 만든 '천재소녀'들로, 남자와 경쟁하여 승리했다는 자부심도 강했다. 그러나 대부분의 교수들에게는 여성 동료는 개념적으로 불가능한 것이었다. 여학생회도 반대했다. 여자라는 이유로 우선적으로 교수로 채용하는 것은 여성의 지적 능력이 뒤처진다는 것을 인정하는 차별이 된다는 것이었다. 개인적 차원의 문제와 사회적 차원의 문제를 구분하지 않고 동일한 기준으로 판단한 것이다.

물론 법학과라는 특수한 사정이 있기는 했다. 여학생은 사법시험만 합격하면 일약 '여류명사'가 된다. 사법시험은 남녀의 차별이 전혀 없는 국가시험이지만 교수가 되는 길은 험하고 불확실하다. 적어도 대학을 졸업한 후로도 10년 이상 지속적인 투자가 필요하다. 따라서 장래에 교수를 꿈꾸는 여학생이 매우 드물었다. 대다수 여학생에게는 여교수는 자신의 문제가 아닌 '강 건너 불'에 불과했다. 2003년에 들어서야 비로소 최초의 여성교수가 탄생했고, 그 이후로 오늘에 이르기까지 계속 늘어나고 있다. 만약 당시에 법과대학 여학생들이 여성교수의 채용을 줄기차게 주장했더라면 그렇게까지 오래 걸리지는 않았을 것이다.

'소프트 파워'가 대접받는 시대

"세상은 언제나 남자들의 것이었지만, 그로 인해 완성된 것은 아무것도 없었다."

시몬 드 보부아르의 《제2의 성Le Deuxiéme Sexe》에 나오는 얘기다. 한때는 남성의 전유물이던 과학의 세계에도 여성이 성공적으로 진입했다. 미국의 여성 저널리스트 해나 로진Hanna Rosin은 이로써 '남자의 종말'이 도래했다고 썼다.

인류사에서 남자의 지배는 농경사회가 정착되면서부터 확립되었다. 수렵, 채집사회에서 남성은 여성이 채집해오는 음식에 의존했다. 그러나 농경이 시작되면서 상반신 근육이 발달한 남성의 기여가 늘어났다. 남성은 부양자가 되고, 여성은 경제적으로 남성에게 의존하게 되었다. 결국 남성은 사회적, 정치적 제도를 장악하고 여성을 통제할 수 있게 되었다. 그렇게 생긴 남성의 권력과 자원은 이를 방어할 명분과 실리가 넘쳤다.[27]

2009년, 미국에서는 사상 처음으로 일자리의 절반 이상을 여성이 차지하게 되었다. 아프리카 대륙을 제외한 전 세계의 대학에서 여성이 우위에 섰다. 농경사회와는 달리 후기 선진사회에서 완력은 이제 특별한 무기가 아니다. 서비스 및 정보가 중심인 경제체제는 완력보다 사회 지능, 열린 의사소통, 침착하게 집중할 수 있는 능력 등 '소프트 파워(soft power, 연성 능력)'가 가산점을 받는다. 이런 연성 능력은 생래적으로나 관습적으로나 남자의 장기가 아니다. 이쪽에서는 단연 여성들이 더 빛난다.[28]

일본에서는 '초식남' 현상 때문에 골머리를 앓고 있다고 한다. 초식남이란 데이트나 섹스를 거부하고, 정원 가꾸기나 간식 모임 차리기로 시간을 보내며 순정만화 캐릭터처럼 행동하는 젊은 남자를 가리킨다. 이들에게 몹시 두려운 존재로서 데이트하기를 거리끼는 파워우먼들을 '육식녀', 혹은 '사냥녀'라 부른다고 한다. 브라질에서는 아내보다 수입이 적은 남편들을 위로하기 위해 '눈물의 남자들Men of Tears'이라는 교회 집단이 급증했다는 소식도 들린다.

가모장제 시대가 열리다

전통적으로 중산층은 남녀의 경제적 격차가 가장 큰 계층이었다. 중산층은 가부장제 사회를 견고하게 지키는 핵심 기제였다. 가장은 가족의 부양자라는 책임을 진다. 1950년대 미국에서는 부양자라는 개념이 중산층의 유일한 규범으로 강요된 나머지 삶의 올가미가 되었다. 부양자 역할을 받아들이지 못하는 남자들은 비정상적이고 미성숙하다는 꼬리표를 달아야만 했다.[29]

이러한 중산층이 서서히 '가모장제'로 바뀌고 있다. 직장에서 일하는 엄마와 집 안에서 일하는 아빠의 모습이 아이들에게 낯설지 않은 일상적 모습이 되어가고 있다.[30] 여자들이 사회경제 질서를 재편했다. 장기적 관점에서 본다면 현대의 경제는 여성이 규칙을 만들고 남성이 따라잡는 흐름이 되어가고 있다.

미국의 경우 2010년 기준으로 대학졸업자의 60%가 여성이다. 각 대학의 입학사정관들은 여성 신입생 비율이 60%가 넘지 않도록 갖가지 방책을 연구한다. 석사과정 이상에서도 비슷한 수치다. 법학대학원과 의학대학원의 절반, 경영대학원의 44%를 여성이 차지한다. 여성 박사학위 취득자 수는 2009년에 처음으로 남성을 추월했고 수학, 컴퓨터공학 등 전통적으로 남성 우위 분야에서도 여성의 추격이 가속도를 내고 있다. 지난 40년간 회계, 재무관리, 시력검사, 피부과, 유전의학, 법학 등의 분야에서 여성의 진출이 눈부시게 돋보인다. 그중 약사

가 가장 두드러진다.[31]

"현재 미국은 크게 두 개의 다른 사회로 갈라지고 있고, 두 사회는 각각 다른 결혼 패턴을 이룬다. 첫 번째 사회는 대학을 졸업한 30%의 미국인으로 구성되고 제2의 사회는 나머지, 즉 빈민과 노동자층, 그리고(사회학자들이 말하는) '적당히 교육받은 중산층'으로 구성된다. 이 사회에서 여성이 이렇게 크게 부상한 이유는 결혼의 가치가 서서히 침식당하고 사랑에 대한 회의가 더욱 커진 데 있다. 이 그룹에 속한 여성들은 자신의 운명을 개척해가면서 결혼에 거는 기대 또한 높아졌다. 교육받은 그룹에서는 여성의 새로운 경제력이 결혼의 르네상스를 열었다. 대학 학위를 가진 부부는 누가 어떤 역할을 하고, 누가 수입이 얼마나 더 많고, 누가 아이를 키울 것인지 등에 관한 문제를 훨씬 더 융통성 있게 처리한다. 그들은 남녀평등을 넘어 완전히 새로운 결혼 모델을 만들어냈다.

이러한 변화는 결혼과 사랑, 섹스에 관한 전 세계 남녀의 생각을 바꾸어놓았다. 아시아에서는 여성이 더 많은 경제력을 가지고 완벽한 아내라는 전래의 이상에서 벗어나고 있다. 여성의 평균 결혼연령이 높아지고 이혼율 또한 급상승하고 있다. 전통적인 사고의 남자와 진보적 여자 사이에 만남이 어긋나면서 국제결혼 시장이 부상했다. 각국의 남자들은 자신과 가치관이 더 유사한 신부를 찾아 국경을 넘기를 꺼려하지 않는다. 이처럼 전복된 성 역할은 새로운 세대들에게는 결혼을 훨씬 덜 매력적으로 보이게 만들었다. 사상 처음으로 서른 살

애완동물의 선택에도 남녀 차이가 난다. 여자의 애완동물은 개와 고양이 정도다. 그런데 남자의 애완동물은 실로 다양하기 짝이 없다. 돼지, 원숭이, 곰, 사자, 악어, 심지어 대형 보아뱀도 있다. 남자들은 이렇듯이 다른 사람은 거들떠보지도 않는 물건이라도 자신만의 애착을 쏟는다.

남자 뇌인 사람은 자신의 영역에 타인이 접근하는 것을 싫어하면서도 체계적인 것은 좋아한다. 방은 어질어져 있어도 자신이 좋아하는 물건만은 가지런히 진열하고 싶어 한다. 단골 술집, 단골 커피숍 등 '단골가게'를 만들고 싶어 하는 것도 남자의 특징이다. 남자는 한 번 정보가 입력되면 변덕을 부리지 않고 다른 곳에 눈을 팔지 않는다.

남자는 페이스북에 자신의 단골가게 사진을 올리지만 여자는 최신 레스토랑이나 과거부터 가보고 싶었던 호텔, 친구와 함께 들렀던 예쁜 식당 등 다양한 장소를 올린다. 물건을 살 때도 마찬가지다. 남자는 한 번 마음에 들면 같은 제조사나 브랜드를 선호한다. 평소 경쟁에 지친 사내는 경쟁이 필요 없는 독점적 영역을 절실하게 원한다.

아버지와 아들의 관계

고대 그리스 신들의 족보인 헤시오드Hesiod의 《신통기神統記》에 의하면 하늘의 신 우라노스Uranos가 크로노스Kronos의 반란을 맞는다. 크로노스는 그의 아들이었다. 아들은 아비의 생식기를 잘라버린다. 우라노스의 살과 피는 키프로스 앞바다를 파도에 실려 떠돌다가 거품으로 변하고, 서풍에 실려 떠돌던 포말은 아름다운 여체로 변한다. 이때 크로노스의 아들 제우스Zeus는 아버지를 감금하고 스스로 지배자가 된다. 이렇듯이 권력의 역사는 아버지와 아들의 쟁투의 역사다.

지그문트 프로이트Sigmund Freud의 가설에 의하면, 최초의 아버지는 모든 권력과 여자들을 독점한다. 성장한 아들들은 공모하여 아버지를 죽이고 아버지의 땅과 여자들을 나누어 갖는다. 자신들이 살해한 아버지를 위해 토템을 세우고 죽은 아버지를 숭상함으로써 저주를 피하려 한다.

우라노스, 크로노스, 제우스로 이어지는 '살부殺父'의 신화는 불행하게도 현대인의 내면에서 반복된다. 아들에게 아버지는 경쟁자이자 극복의 대상이다. 시간은 아비의 적이다. 아들이 아비를 딛고 일어서는 것은 시간문제이기 때문이다. 그러나 아비가 죽는 순간을 기다릴 수 없는 아들은 서둘러 아비의 제거에 나선다.

프랑스와 영국의 합작영화인 〈데미지Damage〉에는 아들의 연인을 유혹하여 승리하는 노인이 등장한다. 많은 남성이 이 영화에 심취한 이유는 노년에 대한 환상 때문이 아니라 아들과의 경쟁에서 승리하는 아버지를 통해 얻는 대리만족 때문일 것이다.

아버지와 아들이 사이좋게 지내려면 아버지가 죽어가는 상태에 있어야만 한다.[39] 지위와 권세를 누린 아버지는 아들에게 자신의 권좌를 물려주려 한다. 재물도 마찬가지다. 성공하면 마치 자신이 영생하는 듯한 착각을 한다. 그러나 자식의 입장은 다르다. 오로지 자신에게 유리할 경우에만 아비의 후광을 이용할 뿐이다.

남자, 권력이라는 괴물에
사로잡히다

권력욕은 남자의 상징이다.

나이가 들어 다른 욕망은 쇠퇴해도 권력욕은 결코 쇠퇴하지 않는다.

남자들이 노욕으로 비판받으면서도 권력의 끈을 놓지 못하는 이유는

그것이 자신의 존재 이유이기 때문이다.

권력은 사람의 뇌도 바꾼다

'파리스의 심판'은 널리 알려진 그리스 신화다. 파리스Paris는 트로이의 프리아모스Priamos 왕의 아들이다. 그가 태어날 때 어머니 헤카베Hecabe는 횃불이 도시 전체를 불태우는 꿈을 꾼다. 트로이의 멸망을 의미하는 불길한 전조라는 해몽에 따라 아이는 산에 버려지지만 기적적으로 구조되어 양치기들에 의해 키워진다.

바다의 여신 테티스Thetys의 결혼식이 열린다. 모든 신들이 청첩장을 받았으나 불화의 여신 에리스Eris만이 초청자 명단에서 빠졌다. 격노한 에리스가 훼방을 놓는다. 자신의 주특기인 불화를 조장할 목적이다. 에리스는 '가장 아름다운 사람에게'라고 쓰여 있는 황금 사과를 연회석에 던진다. 그러자 내심 미모를 자부하는 아테나Athena, 헤라Hera, 아프로디테Aphrodite 세 여신이 각각 자신이 사과의 주인이라며 나선다.

자신의 아내 헤라를 포함한 세 여신이 한 치의 양보도 없이 다투자 제우스는 청년 목동 파리스를 미인대회 심판관으로 위촉한다. 그를 이해관계가 없는 중립적 심판관으로 여겼던 것이다. 세 여신은 즉시 파리스에게 달려가 자신에게 미의 왕관을 씌워주면 대가를 지불하겠다고 약속한다.

구체적으로 아테나는 지혜를, 헤라는 세상의 권력을 주겠다고 약속한다. 그런데 아프로디테는 인간 중에서 최고의 미녀를 주겠노라고 말한다. 파리스는 아프로디테를 선택한다.

아프로디테의 약속대로 세상에서 가장 아름다운 여자인 스파르타의 헬레네Helene가 파리스의 몫이 된다. 하지만 그녀는 이미 스파르타의 왕 메넬라오스Menelaos의 아내가 되어 있었다. 파리스는 아프로디테의 도움으로 헬레네를 유혹하여 트로이로 데리고 온다. 극도로 자존심이 상한 그리스의 영주들이 연합하여 헬레네를 되찾기 위해 트로이 원정에 나선다. 그리스 연합군의 총사령관은 메넬라오스의 형 아가멤논Agamemnon이다.

헬레네(독일식 표기는 헬레나Helena)는 괴테의 《파우스트Faust》에도 등장한다. 괴테는 주인공 파우스트와 결혼하여 아들을 생산하는 것으로 썼다. 괴테가 작품에 불러낸 헬레네는 특정인이 아니라 인류가 추구하는 영원한 미적 가치를 상징할 것이다.

파리스처럼 젊은 남자에게는 미인이 제일일지 모른다. 그러나 만약 파리스가 인생 경험이 있는 심판관이었다면 헤라가 승리했을 게 분명하다. 인생을 좀 살아본 남자는 반드시 권력을 택할 것이다. '권력은 사람의 뇌도 바꾼다'는 연구서도 있을 정도다.[40] 권력만 가지면 미인은 절로 따르게 마련이다. 과거에는 권력을 거머쥐면 재물도 저절로 따랐다. 자본주의 사회에서는 돈이 권력의 핵심이다. 돈의 유혹에 굴복하지 않는 권력은 드물다. 언제 어느 사회에서나 돈과 권력의 결합이 가장 전형적인 악이다.

만약 몽테스키외가 무덤에서 나와 명저《법의 정신De l'esprit des lois》의 개정판을 낸다고 가정해보자. 국가권력을 입법, 사법, 행정으로 삼분해서 각각의 기관에게 소임을 맡기고 서로 감시하고 견제하도록 해야만 나라 전체의 힘의 균형이 이루어지고, 이러한 균형에서 사회의 발전이 담보된다는 것이 그가 주장한 '삼권분립론'의 요지다. 그러나 그의 이론은 공공 부문에 한정된 것으로, 제도 권력이 나라 전체의 힘의 총합이나 다름없던 시절의 국가경영 이론이었다.

헌법은 시대의 거울이다. 그러나 시대의 모든 현상이 구체적인 헌법 문언에 반영되는 것은 아니다. 헌법에 근거를 둔 권력만이 현실의 권력은 아니다. 자본주의가 난숙하고 시민사회가 발전한 결과 사적 영역이 공적 영역을 압도하는 현상을 보이는 오늘날에는 국가기관 밖에 존재하는 엄연한 권력이 있다. 대표적인 예가 자본 권력과 언론 권력이다.

몽테스키외가 개정판을 쓰게 되면 새로운 삼권의 주체를 규정할 것이다. '입법, 사법, 행정'을 합친 제도 권력과 '자본'과 '언론'의 3자를

'신新 삼권분립'의 주체로 선정할 것이다. 새로운 권력의 주체인 자본, 언론, 그리고 제도 권력 사이에도 견제와 균형의 원리가 적용되어야 할 것이다.

제도 권력과 자본 권력이 밀착하면 부패와 비리가 횡행하고, 언론이 정부와 밀착하면 국민에게 정확한 정보를 제공할 수 없다. 그리고 언론과 자본이 결합하면 언론은 자본의 이익을 대변하는 경향을 띤다. 언론사의 운영이 과도하게 기업광고에 의존하게 되면 자본의 대변인으로 전락하기 마련이다.

영리 추구를 목적으로 하는 순수한 사적 권력인 자본 권력에 대해서는 경제 활동의 규제를 통해 공익성을 강요하기도 한다. 그러나 언론 권력은 특수하다. 언론 권력이 탄생한 연원이 국민의 이익을 위해 제도 권력을 비판하고 대항하는 데 있었던 까닭이다. 언론은 국민의 여론을 선도하고 중요한 판단의 자료를 제공한다는 점에서 공적 성격을 진하게 띤다. 언론의 중요한 기능이 제도 권력과 자본 권력을 감시하고 견제하는 데 있다.

그런 의미에서 언론은 정보 권력이라고 할 수 있다. 흔히 매스미디어를 '제4의 권력, 또는 신분the Fourth Estate'이라고 부르는 이유도 여기에 있다. 매스미디어가 존재하는 이유는 주권자인 국민에게 진실한 정보를 제공하는 데 있다. 그러기에 원론적으로 민주사회에서 매스미디어는 주권자 시민의 정치적 역할을 강화한다. 그러나 실제로는 매스미디어는 시민과는 별개의 독자적 권력을 향유할 수 있고, '언론을 소유한 자만이 언론의 자유를 보장 받는다'는 냉소적 비판이 언론의 횡포를 잘 말해준다. 시장과 권력을 통제하기 위한 수단인 언론의 적정한 역할이 무엇인가는 사회 전체의 핵심적인 과제로 남아 있다.

21세기 초에 들어와서 통신기술의 혁명적 발전과 언론매체의 급속한 발달로 언론의 양상이 크게 바뀌었다. 소위 온라인매체의 부상과 함께 전통적인 인쇄매체의 비중은 약화되었다. 대중성, 신속성, 파괴력을 특징으로 하는 온라인 언론 행위는 개인의 무분별한 행위와 대중의 부화뇌동으로 인해 무수한 선의의 피해자를 양산한다. 기존 언론이 누린 자유의 범주 내에서는 전혀 예상하지 못했던 새로운 문제들이 야기되고 있다.

20세기 후반에 들어와서 비정부기구NGO가 권력기관을 감시하는 중요한 역할을 수행하게 되었다. NGO는 국제적 연관을 맺고 평화, 인권, 환경, 소비자 보호 등 활동에 주력한다. NGO는 일반시민들이 자발적으로 조직한 단체로, 우리나라의 경우 지난 20여 년 동안 나라 전체의 민주화와 권력기관 감시활동에 역할이 컸다. 특히 2006년부터는 유엔 인권이사회가 설립되면서 NGO의 역할이 더욱 가중되었다.

입법, 행정, 사법 같은 제도 권력은 물론 자본 권력과 언론 권력도 남자들의 독무대이다시피 했다. 모든 권력은 치열한 경쟁의 세계다. 선거나 시험과 같은 '정당한' 경쟁뿐만 아니라 정형화, 제도화 되지 않은 투쟁이 난무한다. 중상, 비방, 모략, 모함은 난장판 투쟁의 전형적인 수법이다. 남자는 경쟁을 통해 자신의 존재의 우월함을 확인해왔다.

권력욕은 남자의 상징이다. 나이가 들어 다른 욕망은 쇠퇴해도 권력욕은 쇠퇴하지 않는다. '욕망 총량의 법칙'이 있다면 신체나 다른 욕망이 줄어들면 권력욕은 오히려 더욱 강해진다. 남자는 마지막 순간까지 권력의 끈에 매달린다. 노욕이나 노추로 비판받으면서도 권력의 끈을 놓기 힘든 것이다.

왕조 시대의 국왕은 죽을 때까지 옥좌를 지키는 것이 원칙이었다. 아직도 지구상에는 왕정을 유지하는 나라가 수십 개나 남아 있다. 그러나 몇몇 세습군주제 국가를 제외한 대다수의 나라에서는 왕은 실제의 정치 권력을 행사하지 않는 채 국가의 정치적 정통성이나 문화적 정체성을 확인하는 상징적 존재에 불과하다.

영국처럼 '왕은 재위하나 다스리지 않는다'는 격언이 현실의 원칙이다. 아직도 아프리카나 중앙아시아의 국가원수들이 현직에서 죽는 경우가 더러 있다. 임기가 정해져 있어도 선거를 통해 집권을 연장하여 사실상 종신 권력자가 된 것이다. 미국 연방법원 판사도 종신직이다. 2005년, 윌리엄 렌퀴스트William Hubbs Rehnquist 연방 대법원장이 암을 앓으면서도 현직에서 버티다가 임종을 맞았다. 어떤 종류의 권력이든 권력은 매력을 넘어 마력이 있다.

"학문이 성숙하면 나라를 위해 관직에 나서야 한다."

《천자문》의 구절이다. 그런가 하면 《논어》〈헌문편〉에는 이런 구절이 있다.

"그 직위에 있지 않으면 그 일을 도모하지 말라."

모든 직책에는 그 직책으로 수행할 수 있는 권한이 부여되고, 이에 상응하는 책임이 부과된다. 모든 사람에게 인격이 있듯이 모든 직책에는 '직격職格'이 있다. 직격에 맞는 처신이 따라야만 존경받는 관리가 된다. 권력 그 자체에는 선과 악이 없다. 사람이 쓰기 나름이다. 청백리도, 탐관오리도 같은 자리에서 만들어진다.

제도 권력은 공적 활동을 위한 힘이다. 부국안민이든 창업, 수성, 경장更張이든, 그 어느 단계에서든 국가의 권력을 효과적으로 활용하는 힘이다. 공적 직위에서 도모해야 할 일과 하지 않아야 할 일이 있다. 만약 공적 권력이 사적 이익을 추구하기 위한 수단으로 전락하면 악이 된다.

다산 정약용의 《목민심서》는 풍부한 사례를 담아 비참한 백성의 삶을 그리고 참된 목민관의 책무를 강조했다. 어느 시대, 어느 사회에서나 탐관오리에 대한 혐오는 민중예술의 전형적인 소재가 되었다.

힘의 세계의 철칙

셰익스피어의 작품 《맥베스》만큼 인간의 권력욕을 다각적인 관점에서 적나라하게 그린 수작도 드물 것이다. 덩컨 왕과 그의 충직한 신하 맥베스 장군, 그리고 그의 동료 부장 뱅코는 서로가 편한 사이였다. 그러나 장차 왕이 될 것이라는 예언을 들은 맥베스의 내면에 잠재해 있던 권력욕이 꿈틀대면서 비극의 씨앗이 잉태된다.

장차 왕이 될 것이라는 마녀들의 예언에도 불구하고 확신하지 못한 그에게 아내는 강해지라며 부추긴다. 자신이 왕관을 쓰기 위해서는 정통을 인정받고 있는 현재의 왕을 죽여야 한다는 도덕적 부담이 막중하다. 권력을 찬탈하는 과정에서 겪는 맥베스의 내면적 불안과 공포, 심리적 갈등이 외부에서 벌어지는 피의 투쟁이 작품 속에 치밀하게 엮여 있다.

찬탈한 권력을 유지하면서 맥베스가 느끼는 일말의 도덕적 자책감이 자신이 살해한 왕과 동료 맥더프의 유령을 불러낸다. 환청, 환시에 살인자의 정신이 혼미해진다. 악으로 탈취한 권좌가 흔들리고 자신의 종말이 임박했음을 절감하면서도 마지막 순간까지 권력에 대한 헛된 집착을 버리지 못한다. 벼랑 끝에 몰리면서도 마녀의 예언이 유효함을 재확인하려 나선다. '사람의 몸에서 난 자는 자신을 해칠 수 없다'는 다짐에 한 가닥 낙관의 씨줄을 붙든다.

덩컨 왕을 죽이지 못하고 주저하는 남편을 세차게 종용하여 떨리는 비수를 왕의 심장에 박게 한 맥베스 부인 또한 권력의 화신이다. 그러나 그녀 역시 남편과 마찬가지로 공포와 양심의 자책에 시달린다. 연신 피 묻은 손을 씻어대는 강박감을 드러내고 끝내 정신 이상으로 비참한 죽음을 맞는다.

작품《맥베스》가 위대한 이유는 권력을 추구하는 인간의 본능적 욕구와 내면적 갈등을 함께 부각시킨 데 있다. 또한 권력의 파멸 과정에서 인간의 내면이 함께 파괴되어가는 모습을 적나라하게 그렸기 때문이다. 독자와 관객은 맥베스 부부를 통해 자신의 가슴속에 숨어 있는 권력욕을 재확인한다. 그리고 찬탈자의 비참한 종말을 확인하고, 새삼 권력의 무상함을 깨치면서 바라던 만큼 권력을 잡지 못한 자신에 대한 위안으로 삼는다.

《리어왕》도 셰익스피어의 명작 중의 명작이다. 한 세기 앞선 셰익스피어 연구가 브래들리A. C. Bradley는《셰익스피어의 비극들Sharkespeare Tragedies》에서 이렇게 말했다.

"만약 신이 셰익스피어 작품을 전부 버리고 하나만 남기라면 어떻게 할 것인가? 대다수 사람들은 주저하지 않고《리어왕》을 선택할 것이다."

리어왕은 일찌감치 자식들에게 권력과 재산을 넘겨주고 대신 여생 동안 효도 받는 즐거움을 만끽하겠다고 결심한다.

"늙은 이 몸은 이제 모든 근심을 털어버리고, 활기찬 젊은이에게 국사를 넘겨주고 홀가분한 마음으로 여생을 편히 보낼 결심이오."

그러나 그의 꿈은 헛된 망상이었다. 믿었던 딸들에게 처참하게 배신당한다. 인간의 본성은 동서양이 다르지 않다. 그의 최대 실수는 인간의 사악한 본성을 몰랐다는 것이다.

권력은 넘겨줘도 좋다. 다만 언제라도 되찾을 수 있을 때만 그렇게 해야 한다. 그것이 힘의 세계의 철칙이다. 섣불리 남을 믿고 권력을 내주었다가는 영영 되찾지 못할 뿐만 아니라 오히려 믿는 도끼에 발등이 찍혀 자신마저 제거되기 십상이다. 이는 자식이라 해서 예외가 아니다.

선출된 권력은 존속 기간이 예정되어 있다. 선거로 정권이 결정되는 민주주의 국가에서는 유권자의 기대와 이익의 방향에 따라 정권이 연장되기도 교체되기도 한다. 절대 권력은 절대 부패로 이어지고, 장기집권은 나태와 부패로 귀결될 위험이 높다는 경험이 정권의 적기 교체의 열망을 반영한다.

1987년에 개정(내지 제정)된 우리 헌법에는 실로 기이한 조항이 담겨 있다. 제정되기가 무섭게 효력을 잃은 사문死文이지만, 헌법 제90조는 국가 원로로 구성된 '국가원로자문회의'를 둘 수 있고, '직전 대통령'이 자문회의의 의장이 된다고 규정하고 있다. 7년 임기를 채운 전두환 대통령이 자리에서 물러난 후에 염두에 두었던 역할이었다. 그러나 그 후에 그의 삶에 어떤 일이 일어났는지 모두가 잘 알고 있다.

우리는 행동파 영웅들에게 익숙하다

"법은 정실로 왜곡되고, 권력에 의하여 파괴되며, 돈에 의해 부식된다."

키케로가 남긴 이 말은 권력세계의 속성을 찌르는 명언이다. 법이 제대로 작동해야만 세상에 정의가 선다. 모든 권력에는 그 권력을 움직이는 실권자인 '인사이더 그룹'이 있다. 그들은 대부분 남자들이다.

여자들에게는 좀체 기회가 주어지지 않는다.

　남자보다는 여성 정치인이 덜 부패할 것이다. 그것은 남녀의 본성의 차이라기보다는 사회적 여건 때문일 것이다. 여성 정치인들에게는 부패할 여건이 덜 조성되고 기회도 적기 때문일 것이다. 부패의 주된 원인이 되는 환락문화도 남성의 전유물이다. 20여 년 전 우리나라에 지방자치제가 시행되었다. 지방의회에 진출한 여성 의원들이 더러 있는데, 여성 의원이 많은 지방의회는 훨씬 투명하고 청렴한 분위기가 돈다는 평판이다.

　권력자들을 부패하게 만드는 원인 제공자도 역시 남자들의 집단이다. 혈연, 지연, 학연, 각종 인연의 고리에 남자들이 엮여 있다. 여자들은 독자적인 부패의 고리를 만들지 못했다.

　중국에서 사업을 하려면 '꽌시關係'를 먼저 알아야 한다고 한다. 이는 다름 아닌 인간관계, 즉 남자들이 오랜 세월 동안 구축해온 권력을 둘러싼 부패의 사슬과 고리다.

　중국도 우리나라와 사정이 크게 다르지 않다. 많은 경우 범죄 집단이 권력의 하수인 노릇을 한다. 어느 나라에서나 수형자의 80% 이상이 남자다. 폭력을 수반하는 강력 범죄는 남자의 전유물이다시피 하다. 여성의 폭력성은 남자에 비하면 매우 약하다. 조직범죄는 예외 없이 남자의 집단이다. 드물게 여성이 조직에 가담하는 경우에도 종속적 역할을 할 뿐이다.

　'권불십년權不十年'이라는 옛말이 있다. 문자 그대로 10년을 넘기는 권력이 없다는 말로, 권력의 속성을 제대로 꿰뚫은 경구다. 정승 댁 개가 죽으면 문전성시를 이루지만 정작 정승 본인이 죽으면 상가가 한산하다는 말도 있다. 냉정하리만치 엄정한 권력의 현재성을 웅변해주는 명구다.

권력을 두고 벌이는 경쟁이 치열하기 때문에 그만큼 거머쥔 권력을 유지하기도 힘들다. 세습왕조 국가에서도 왕권이나 신권臣權이나 항상 긴장상태였다. 고려의 무신정치는 무인들 사이의 권력투쟁이었다. 조선조의 수많은 사화의 본질도 사대부 문인계급 사이의 권력 싸움이었다. 국왕의 재위가 오래면 차기 승계자의 거취가 주목을 받는다. 영조와 사도세자, 정조의 관계는 다양한 관점에서 역사가들의 연구 대상이었다. 역사는 폭력을 포함한 온갖 수단방법을 가리지 않고 권력을 쟁취했던 영웅들의 행적이다.

"우리는 행동파 영웅들에게 익숙하다. 그들은 대개 좋은 목적이든 나쁜 목적이든 폭력을 행사하는 사람들이다. 그런 영웅들이 바로 역사를 만든다. 그것이 바로 학교에서 가르치는 역사다."

영국 최고의 대중역사가라는 명성을 듣는 마이클 우드Michael Wood의 책《인도이야기The Story of India》의 한 구절이다. 어느 시대, 어느 곳에서나 역사의 영웅은 예외 없이 남자였다는 사실을 여기서도 발견할 수 있다.

돈으로 열리지 않는 문은 없다

2012년, 법률소비자 연맹이 실시한 여론조사에 의하면 우리나라 고교생의 94%가 권력과 돈이 재판에 영향을 미친다고 대답했다고 한다. 돈의 효용을 정면으로 인정하면서도 위력을 경계하는 동서양의 명구들이 무수하다.

"돈은 제6감과 같다. 그것이 없으면 다른 감각을 온전하게 이용할 수 없다."_서머셋 모옴,《인간의 굴레Of Human Bondage》

"금화가 소리를 내면 욕설은 침묵한다. 돈으로 열리지 않는 문은 없다."_유대 격언

"돈은 최상의 군인이다. 한 번도 패한 적이 없다."_셰익스피어

김삿갓의 〈돈錢〉이라는 풍자시도 쉽게 가슴에 와 닿는다.

"천하를 두루 돌아다녀도 어딜 가나 환영받으니 나라와 집안을 흥성케 하여 그 세력이 가볍지 않네. 갔다가도 되돌아오고 왔다가도 다시 가니 살아서는 죽음을 모르고, 죽어도 되살아나니."

셰익스피어는《자에는 자로Measure for Measure》에 이렇게 썼다.

"공직이란 타는 말에 불과해. 그 자리에 앉게 된 자가 자신의 위용을 과시하기 위해 박차를 가하게 되면 독재가 되는 법이지."

그런가 하면 세계사를 망라하여《뇌물의 역사Bribes: The Intellectual History of a Moral Idea》를 쓴 미국판사 존 누난John Noonan은 이렇게 주장한다.

"정직과 청렴의 미덕은 공직을 지탱하는 두 개의 기둥이다."

근래 들어 정직의 덕목은 크게 손상되었다. 적어도 성적 부정은 사생활의 자유, 프라이버시라는 도피처를 확보해가고 있다. 그럴수록 나머지 한 기둥의 역할이 무겁다. 세상이 아무리 변해도 청렴만은 절대로 타협할 수 없는 공직자의 금과옥조다. 직업공무원제도는 공직자란 명예만으로 사는 게 아니라는 전제에 서 있다. 공공에 봉사한다는 자부심을 보상할 만한 대가가 따라야만 한다. 무엇보다 적정한 보수가 주어져야 한다.

다음의 글은 우리나라에서도 널리 읽힌 자유주의 이론가 파리드 자카리아Fareed Zakaria의 저술 《자유의 미래The Future of Freedom》의 한 구절이다.

"싱가포르와 대만은 정치적 민주주의는 제약했지만 국민들은 경제적 번영과 자유를 향유하고 있다. 1인당 국민소득 6,000달러 미만의 나라에서 민주주의가 성공한 예가 없다. 한국에서 민주주의의 성공은 민주투사의 노력에 의한 것이라기보다 경제성장에서 비롯된 것이다."

1980년대 초에 싱가포르 리콴유李光耀 정부의 고위층을 면담할 기회가 있었다. 당시 싱가포르는 떠오르는 아시아 신흥국가들의 선두주자였다. 공무원의 질과 보수가 이례적으로 높다는 평판이 있었다. 그런데 그들은 공무원이 뇌물을 받으면 가치 없이 중벌에 처했다. 도대체 어떻게 그런 '조지 오웰'식의 통제가 가능하며, 그런 엄혹한 통제를 통해 청렴한 사회를 이룬 성공의 비결이 무어냐고 파고들었다.

첫 번째 물음에 대해서는 작은 도시국가이기에 가능했다고 솔직하게 고백했다. 두 번째 질문에 대한 답은 다분히 철학적으로, 인간의 본성을 직시해야 한다는 것이었다. 한마디로 직장의 안정과 함께 적정한 보수가 보장되어야 한다는 것이다. 공적인 권력을 쥔 사람은 누구나 무슨 수단을 쓰든 생계비를 확보하게 마련이다. 그게 인간의 본성이다. 봉급과 연금으로 생계비의 절대 액수가 모자라면 뇌물을 받기마련이다. 박봉의 공무원을 이끌고서는 절대로 청렴한 나라를 만들묘책이 없다.

맹자의 말씀대로 항산恒産이 없으면 항심恒心도 없는 법이다. 그러니국가정책을 이끄는 공무원의 보수를 사기업 수준에 맞추어줘야 한다는 것이었다. 몇 해 전에 우리나라에서 개혁 과제로 격렬한 논쟁을 불러일으킨 '공무원연금제도'도 탄생 당시에는 박봉에 시달리는 공무원의 노후 대책이라는 당근의 의미가 컸었다.

'김영란법'에 거는 기대

한 여인이 21세기 대한민국의 풍속을 바꾸고 있다. '김영란'이라는 여인이 한국인의 윤리와 도덕 기준을 재정립하고 있다. 2016년 9월 28일부터, 그녀의 이름으로 불리는 '부정청탁 및 금품 등 수수의 금지에 관한 법률'이 시행되고 있다. 이 법률은 2012년 8월 16일, 당시 김영란위원장의 지휘 아래 국민권익위원회가 국회에 제출한 법안을 모태로 한 것으로, 오랜 논란 끝에 2015년 3월 5일 '사익 추구'를 금지한 '이익충돌' 부분이 빠진 채 국회를 통과했다.

각계각층의 저항이 따랐다. 공무원은 물론 사립학교 교원과 언론사 임직원도 규제 대상이 된다. 다행스럽게도 헌법재판소는 합헌 판정을 내렸다. 이 법의 정착을 위해서는 무엇보다 공적 직업인의 작은 부정도 용납하지 않는 새로운 사회통념이 형성되어야 할 것이다.

국제사회가 평가하는 한국사회의 청렴도는 부끄러울 정도로 낮다. 굳이 순위를 매기자면 OECD국가 34개국 중 27위다. 우리가 걸핏하면 경멸하다시피 하는 '못사는 나라'들 중에서 우리보다 청렴도가 높은 나라들이 많다.

'김영란법'은 한국사회를 본질적으로 바꾸는 중대한 계기를 마련했다. 이 법의 시행으로 많은 남자들이 불편하게 될 것이다. 하지만 남자들의 불편함 속에 대한민국의 장래는 보다 밝아질 것이다. 다음은 함민복의 시 〈긍정적인 밥〉의 한 구절이다.

시 한 편에 삼만 원이면 너무 박하다 싶다가도
쌀이 두 말인데 생각하면
금방 마음이 따뜻한 밥이 되네.

누구와 함께 나누든 검은 마음만 없으면 따뜻한 밥이다. 내놓고 말하지는 않더라도 청탁의 뜻이 담긴 밥은 선의라도 따뜻하지 않을 것이다. 3만 원은 고작 숫자일 뿐이다. 우리 사회 뿌리박힌 비뚤어진 '공짜 밥' 문화를 바로잡자는 게 김영란법의 골자다. 법을 요리조리 피하는 변칙적인 공짜 밥 문화가 횡행한다면 김영란법은 빛이 바랠 것이다. 세상에 공짜란 없는 법이다.[41]

남자들의,
남자들만을 위한 세계

뿌리 깊은 종중문화의 가장 큰 단점은 '여성의 부재'이다.

전형적인 양반집 족보에는 여자의 이름이 없다.

시집온 조상은 '누구의 딸'로 적혀 있고,

시집간 여자 이름 대신 사위의 이름이 적힌다.

"만약 거짓말이면 성을 갈겠다"

우리나라 사람들은 법정에서 거짓말을 많이 한다고 한다. 죄인이 자신의 죄를 감추려는 것은 인간의 본성이다. 법도 범죄 혐의자에게 억지로 말하지 않을 권리를 인정한다. 형사 피고인의 자백만으로는 유죄 판결을 내릴 수가 없다. 이것은 다른 나라들도 마찬가지다. 그러나 우리나라 사람들의 거짓말은 자신의 방어 때문이 아니라 주로 남을 모함하기 위해서 한다는 데 문제가 있다.

어느 사법 통계를 보면 우리나라에는 위증죄와 무고죄가 이례적으로 많다. 심지어 이웃나라 일본의 수십 배에 달한다는 비교도 있다. 이런 사실을 들어 한국인이 일본인보다 정직하지 않다고 주장하는 사람이 일본에도 있고, 한국에도 있다.

법적으로 위증죄는 진실만을 말하겠다며 법정에서 선서한 증인이 허위인 줄 알면서도 거짓 증언을 하는 경우에 성립한다. 한편 무고죄는 다른 사람을 처벌받게 할 의도로 허위의 범죄 사실을 국가기관에 고발하는 행위를 말한다. 우리나라에서는 법의 권위가 서지 않았고, 판사에 대한 존경심에 약하기 때문에 위증이 많다고 주장하기도 한다.

서양의 법정선서는 본래 신에게 하는 맹세였다. 판사는 신을 대신하여 세속의 재판을 담당한다. 법정에서 선서하는 사람은 만약 거짓말을 하게 되면 신의 처벌을 받는다는 각오를 다짐하는 것이다. 이는 태어나고 살다 죽는 사람의 전 일생을 신이 완전하게 지배하던 시절의 이야기다. 그런데 니체의 말대로라면 신이 죽어버린 현대사회에서 사람들의 심리적 상황이 옛날과 같을 수가 없을 것이다. 그럼에도 불구하고 서양에서, 특히 영국과 미국에서 위증죄는 매우 중한 범죄로 다루어진다. 심지어 형사 피고인도 묵비권을 포기하고 선서한 후에 거짓 증언하는 경우에는 위증죄의 책임을 진다. 정당한 사법 절차를 방해했기 때문이다.

한참 전의 일이긴 하다. 어느 판사가 우스갯말로 위증을 획기적으로 줄일 수 있는 방안이 있다고 말했다. '만약 내가 거짓말을 하면 성을 갈겠다'는 문구를 선서에 담게 하면 분명히 효과가 있을 것이라는 주장이었다. 그만큼 우리나라처럼 조상과 문중에 대한 집착이 강한 나라도 드물다. 국가 공부公簿에도 개인의 본관이 나타난다. 집안마다 족보를 가지고 있다. 이른바 '뿌리가 없는' 가문은 수치라는 은근한 합의가 있는 듯하다.

무슨 김씨 대동보大同譜, 무슨 이씨 무슨 파 파보波譜 등등 대부분 족보는 18세기 이후에 만든 것이라 그 이전 사실은 역사적 엄정성이 떨어진다. 조선 중기까지 양반, 중인, 평민, 천민의 구분이 엄격했고 지배 계급인 양반은 기껏해야 인구의 10% 정도에 불과했다. 물론 각종 정변으로 양반이 하루아침에 천민으로 신분이 바뀌는 예도 많았다. 그런데도 어느 집안의 족보에도 일부 조상이 한때 천민이었음을 표시하는 기록은 보이지 않는다.

2016년 대전에 '한국 성씨 뿌리 공원'이 설립되었다. 전국 200여 성씨 문중이 비용을 갹출하여 자신들의 기념물을 세웠다. 이렇듯이 우리나라 남자들은 제각기 뿌리가 든든한 양반임을 자랑한다. 그것은 남자만의 뿌리다. 본관이 같은 남자는 Y염색체도 동일하기에 염색체를 판별하여 집성촌에서 일어난 범죄를 풀기도 하고 잃어버린 조상의 무덤을 찾아내기도 한다.

국립과학연구소의 분석에 의하면 동성동본 남자들의 Y염색체는 실제로 60%가량만 합치한다고 한다. 같은 족보에 실린 남자들 중에 타성이 편입되었다는 증거다.

풍수지리에 기대는 남자들의 심리

우리나라의 명예훼손죄는 기이하게도 진실을 공표하는 경우에도 처벌한다. 언제 어디서나 진실을 말하는 경우에는 명예훼손죄가 되지 않는 서양 여러 나라의 법과 큰 차이가 있다. 또한 우리나라 형법에는 '사자死者에 대한 명예훼손'이라는 죄가 있다. 자유민주주의 국가 중에 이런 범죄를 규정하고 있는 나라는 우리 말고는 없다. 그만큼 한국인에게는 가문의 명예가 소중한 것이다. 조상을 모독하면 후손이 분노한다. 엄연히 역사에 기록된 사실을 바탕으로 소설을 쓰고 영화를 만들어도 자칫 잘못하면 곤욕을 치른다.

일제가 조선을 정식으로 다스리기 전에, 조선에 특이한 범죄와 관습을 조사했다. 그중에서 산송山訟, 즉 묘 자리와 관련된 분쟁이 유독 많다는 사실에 놀랐다고 한다. 조상의 묘 자리를 잘 써야만 후손이 발흥한다는 믿음이 널리 퍼져 있었던 까닭이다.

경기도 파주군 광탄면의 한 명당을 두고 청송 심씨와 파평 윤씨 사이에 벌어진 묘지 분쟁은 몇 백 년을 이어지다가 2006년에 들어서야 비로소 후손들 사이에 타협이 이루어졌다. 이 일은 단연 해외토픽 뉴스가 되었다. 1764년에 시작된 이 분쟁은 조선왕조실록에도 기록되어 있다. 고려 중기의 명장 윤관과 조선 효종 때의 영의정 심지원을 배출한 두 명문가 사이에 벌어진 치열한 산송에 영조대왕이 직접 중재에 나섰다. 하지만 왕의 중재에도 아랑곳없이 치열한 쟁송이 끊이지 않자 노한 국왕은 관련자들을 귀양 보내기도 했다. 국왕이야 죽으면 그뿐이지만 조상은 영원한 신이라서 그럴까?

조선 후기의 방랑시인 김삿갓의 〈산소출소山所訴出〉라는 제목의 풍자시가 있다. 김삿갓이 어느 고을을 지나가다 한 중년과부의 하소연을 듣고 써준, 고을 원 앞으로 보내는 탄원서라고 전해진다. 남편 묘 앞에 다른 사람이 묘를 썼다. 지관한테서 그 자리가 명당이라는 이야기를 들었던 것이다. 아내는 즉시 이장하라고 항의했고, 그때마다 불법을 행한 사람은 곧 조치를 취하겠노라고 답한다. 기다리다 못한 과부가 고을 수령에게도 진정하자, 수령은 남의 산소에 불법으로 묘를 쓴 사람을 법에 따라 조치하여 사태를 바로잡겠다고 약속한다. 그러나 차일피일 미루고 해결은 부지하세월이다.

"파 간다 파 간다 하면서 저쪽에서 항상 하는 말이요. 잡아 오라 잡아 오라 함은 이곳 사또 늘 하는 소릴세. 오늘 내일 해도 천지도 변함없고 세월은 여전하나, 이 핑계 저 핑계로 미루다 보니 적막강산이 금세 백년일세."

풍수지리는 이른바 '명당'을 찾는 비법이다. 고려와 조선시대를 통틀어 풍수지리를 둘러싼 정치 투쟁이 끊임없이 이어져왔다. 고려 태조 왕건의 유훈에도 풍수에 관한 당부가 적혀 있다. 고려 인종 재위 시에 일어난 '묘청의 난'도 이미 땅의 기운이 쇄한 개경(개성) 대신 땅과 물이 융성한 조화를 이룬 서경(평양)으로 천도해야 한다는 믿음이 중요한 원인의 하나가 되었다.

새 나라 조선이 건국하면서 한양에 새 수도를 건설한 것은 지극히 상식적인 조치였다. '새 술을 새 부대에'라는 성경 구절이 있듯이 중국 문화권에서는 '새 나라는 새 도읍지에'라는 건국의 원칙이 전승되고 있었을 것이다. 수도 위치가 나라의 국운을 좌우하듯이 가문에도 주거지가 가운을 좌우한다. 그래서 죽은 자의 음택陰宅과 산 자의 양택陽宅을 어디에다 세우느냐에 따라 후손의 운명이 좌우되는 것이다.

최첨단 과학시대에도 한국인의 풍수지리 신앙은 좀처럼 퇴색되지 않는다. 풍수지리학은 근대 학문과 접목하여 대학의 정식 교과 과정에 편입되기도 한다. 불과 얼마 전까지만 해도 대통령을 꿈꾸는 사람은 사전 준비 작업의 하나로 조상의 묘 자리를 점검하여 옮기는 소동을 벌이곤 했다. 2017년 대통령선거에 유력한 후보자로 거론되는 한 정치인이 최근에 아버지의 묘를 이장했다는 소식이 들린다. 과학적 근거가 있든 없든 '용꿈'을 꾸는 대한민국 정치인들의 마음상태다.

조선조의 명문가들은 조상의 문집을 만들었다. 붓으로 쓴 글을 책으로 묶어내는 전형적인 방법에 더하여 형편이 넉넉한 집은 큰돈을 들여서 목판으로 제작하기도 했다. 요즘 기준으로 보면 사설 인쇄소를 만든 것이다. 문집 제작은 조상 빛내기 작업이다. 문집은 당사자를 빛내는 일에 혈안이 되어 경쟁자의 기록은 무시하거나 폄하하기 일쑤다. 그래서 문집은 객관적 사료로서의 가치가 매우 낮고, 해당 문중 밖의 사람들에게는 전혀 쓸모없는 문서가 되기 십상이다.

아직도 우리 사회에는 제대로 된 '평전評傳'이 드물다. 한 사람의 일생을 기록하는 전기는 지난한 작업이다. 많은 자서전은 자화자찬으로 가득 차 있다. 특히 공직을 지낸 인물들의 기록은 진실보다 허위가 더 많다는 것이 중립적인 독자들의 전형적인 반응이다. 다른 사람이 쓴 전기도 당사자에게 불편한 진실은 거론하지 않는 것이 미덕이다.

그래서 평전이라는 이름을 달아도 위인전이나 추모 문집의 성격이 강하다. 평전이란 문자 그대로 평하는 사람의 시각이 담긴 전기다. 객관적 사실을 바탕으로 하되 그 사실에 대한 해석과 평가는 그야말로 평자의 몫이다. 한국사회에서 평전문화가 정착되지 못한 이유의 하나도 이렇듯 견고한 '종중문화'와 연관이 있을 것이다.

남자들의, 남자들만을 위한 세계

'종중宗中'이란 성姓과 본本이 같은 한 피붙이의 집안을 가리키는 말이다. 우리나라에서 유독 뿌리가 깊은 종중문화는 여러 가지 장점이 있지만, 가장 큰 결점은 여성의 존재가 없다는 점이다. 전형적인 양반집 족보에 여자의 이름은 없다. 시집온 조상은 '누구의 딸'로만 적혀 있고, 시집간 여자의 이름 대신 사위의 이름이 적힌다.

1992년에 소설가 이문열이 《선택》이라는 제목의 소설을 펴냈다. 자신의 조상 중 한 여성을 실제 모델로 하여 전통사회에서 현모양처로서 기여한 자부심을 후세에 전하는 형식을 취했다. 책에는 주인공 화자의 입을 통해 전통 윤리와 문화에 대한 일부 페미니스트들의 그릇된 인식을 비판하는 내용도 담겨 있다. 당시 우리 사회에서 강하게 일고 있던 페미니스트운동에 대한 많은 남성들의 은근한 불만을 대변한 측면도 있다. 소설의 출판을 계기로 고루한 남성 대 현대적인 여성의 대결이 벌어졌다. 작가 세대의 남성들은 이문열의 작품에서 은근한 희열을 느꼈고, 여성운동가들은 조직적인 작가 반대 운동을 벌여 이문열 작품의 장례식을 여는 소동을 벌였다.

1980년대 초, 내가 미국에서 로스쿨을 다닐 때 경험이다. 언어도 유창하지 못한 늦깎이 외국인 학생 신세로 대부분의 수업에서는 살아남기에 급급했지만 단연 동급생을 압도한 수업이 있었다. 유언상속법 강좌였다. 재산을 가진 사람이 유언 없이 죽으면 남은 재산은 법에 따라 처분된다. 배우자, 직계자녀 등등 죽은 사람과의 혈연관계에 따라 상속 순위와 비율이 정해져 있다. 전형적인 경우에 8촌 이내의 친족이 상속받을 자격이 있다. 8촌 이내의 친족이 전혀 없는 경우에는 죽은 사람의 재산은 국가에 귀속된다.

8촌이라는 기준은 유럽에서 가져온 것으로 미국인들은 '프랑스 족보학French genealogy'이라고도 부른다. '당숙', '삼종 형수' 등 우리나라에서는 촌수마다 부르는 명칭이 다르듯 미국에서도 해당하는 친족을 부르는 법률용어가 있다. 이를 테면 삼종형매(三從兄妹, 8촌 third cousin), 종조부grandfather once removed 등등 일반인에게는 지극히 낯선 전문용어들이다.

그러나 이런 친족의 법적 상속은 미국에서는 현실에서 거의 일어나지 않는다. 미국처럼 이동성이 강하고 핵가족 문화가 정착된 나라에서는 4촌도 남이나 다름없다. 게다가 이 법리가 탄생했던 시대와는 달리 조금이라도 재산이 있는 미국인은 거의 예외 없이 생전에 유언을 만들어둔다. 그러니 8촌 이내 친족의 법정 상속은 전혀 현실감이 없는 가상의 사례일 뿐이다.

그렇더라도 어쨌든 법은 법이다. 누가 누구와 몇 촌 사이인지 도표를 그려가며 분할 재산을 계산해야 된다. 선생도 수업 직전에 예습을 하고 강의실에 들어온다. 그러니 하물며 학생들이야. 이렇듯 족보도 없고 촌수도 모르는 '상놈들을' 느긋하게 바라볼 여유가 내게는 있었다. 머리에 상투를 튼 할아버지가 군림하는 대가족제도 아래에서 유소년 시절을 보낸 나의 머릿속에는 촌수 개념이 확실하게 심어져 있었던 것이다. 따라서 나는 구체적으로 누가 누구와 몇 촌간인지, 계산할 필요도 없이 즉시 답할 수 있었다. 그러니 선생도 나의 탁월한 실력에 경탄을 금할 수밖에 없었을 것이다. 미국인들에게 촌수는 억지로 찾아내야 하는 책 속의 법에 불과했지만, 나에게는 지극히 일상적인 현실이었다.

화장을 하는 남자,
수염을 기르는 남자

대학생들은 귀고리, 염색, 문신 등

과거에는 불량성의 상징으로 여겼던 것들을 거리낌 없이 수용하고 있다.

남성용 화장품 매출이 급증한 것은

아름다움의 추구에 남녀의 벽이 사라진 세태를 반영한다.

성형공화국의 풍경

1968년 즈음, 학생운동의 열풍이 유럽을 휩쓸면서 대학생들 사이에 수염 패션이 일었다. 좌파는 일부러 손질하지 않은 구레나룻에 장발을 선호했다. 복장은 청바지에 모자 달린 점퍼 모습으로 지저분한 인상을 풍겼다. 반면에 우파는 '카이저수염'이라 불리는, 양 끝이 올라간 콧수염을 깨끗이 손질한 모습이었다. 머리는 짧고 뒷덜미는 깎아 올린 느낌을 주었다. 복장은 가죽점퍼에 청바지 차림이지만 청결했다.

그런가 하면 중도파는 스웨터에 양복바지가 전형이었다. 수염은 없고 머리 길이도 보통 수준이었다. 이렇듯 정치적 이념에 따라 다른 외모와 복장을 택하는 전통은 언제 시작되었는지 알 수 없다. 마르크스나 히틀러 시절부터 시작되었을 것이라는 추측도 있다.

중세유럽의 베네치아는 선진문화의 상징적인 도시였다. 다양한 종교와 인종의 공존이 허용된 열린 문화의 장이었다. 이방인의 지위도 한껏 보장된 베네치아가 셰익스피어의 양대 명작《오셀로》와《베니스의 상인》의 지리적 무대가 된 것은 그리 놀랍지 않다.

그런데 역대 어떤 그림을 봐도 베네치아 남자들은 장발이 없다. 수염도 없고 머리가 길면 중근동 지역의 이슬람교도들이 호모인 줄 알고 관계를 강요하면 곤란하다고 생각한 것이다. 그래서 머리는 짧게, 수염은 길게 기르는 것을 잊지 않았다고 한다.[42]

남자의 외모는 개성이 여지가 들어설 여지가 좁다. 시대와 신분에 따라 극히 정형화된 제복 문화가 지배했다. 시대를 투영하고 재현하는 대중문화에도 이런 정형화 현상이 뚜렷하다. 한때 우리나라의 사극 영화나 드라마에는 충신과 간신을 외모로 구분할 수 있었다. 수염과 목소리가 그렇다. 간신은 한마디로 내시를 연상시킨다. 목소리도 수염도 흔히 염소에 비유한다. 이와 대조적으로 충신은 예외 없이 목소리가 낮게 중후하고 수염이 풍성하고 굵다.

정치인들이 가끔 수염이 덥수룩한 모습으로 대중 앞에 나선다. 은연중에 수염 경쟁을 하는 것이다. 거의 예외 없이 숱이 풍성하다. 희끗희끗한 수염 속에 옛날 사극에서 충신의 모습을 재현하고자 한다. 수염을 염색한 정치인은 아직 보이지 않는다.

수염에는 어떤 모양이든 부모가 물려준 얼굴에 자신의 취향에 따라 변화를 가하려는 사내의 의도가 나타난다. 해방 후 한참 지난 시점까지도 중년 남자의 콧수염은 격동의 세월을 의연하게 살아 넘긴 권위의 표상이 되었다. 그것은 일면 근대화된 일본의 모습이기도 했다. 멕시코에서는 전통적으로 콧수염이 없는 남자는 제대로 된 사내 취급을 받지 못했다. 그래서 별도의 작업을 벌이는 사내도 있었다고 한다. 겨드랑이 털을 이식하니 고약한 냄새가 진동하고, 머리털을 이식하자 비듬이 생겼다거나 하는 농담도 생겨났다.

2013년 2월, 박근혜 내각이 출범하면서 교수 출신으로 청와대 국정기획수석에 임명된 사람은 턱수염을 길렀다. 신선한 파격이었다. 여자 대통령 앞에 줄줄이 가슴에 이름표를 달고 얼굴 전체를 면도로 밀어붙인 중년 남자 무리 중에 단연 돋보이기까지 했다. 이 정도의 파격이나마 박근혜 정부에서 수용된 것이 경이롭기도 했다.

대부분의 여자는 타고난 얼굴로는 자신을 표현하는 데 불충분하다고 느낀다. 여자의 화장은 인류사에 오랜 습속이다. 비록 아침밥을 굶는 한이 있어도 화장은 뺄 수는 없다는 여성이 많다. 칠을 하고 지우기를 반복하는 단순한 화장으로 만족하지 못하고 때로는 얼굴의 일부를 깎아내어 원형을 개조하는 일도 서슴지 않는다. 그래서인지 오래전부터 한국은 세계 제일의 성형국가가 되었다. 우리나라 영화나 TV에 등장하는 한국 여성은 모두 쌍꺼풀눈이다. 언제부터인가 '생얼'의 여자는 희귀동물로 분류된다는 냉소가 따른다.

남자는 상대적으로 외모에 덜 신경을 쓴다는 것이 종래의 통념이었다. 젊은 남자의 경우는 키가 유일한 관심사다. 몇 년 전, TV 오락프로그램에서 한 젊은 외국 여성이 키 작은 남자는 '루저'라고 말했다가 난리가 난 적이 있다. 상대를 압도하는 훤칠한 키는 모든 남자들의 로망이다. 단신을 감추기 위해 조금이라도 굽이 높은 구두를 신는다.

조지 워싱턴 이래 미국의 역대 대통령은 장신이 많다. 최고 지도자는 사람들이 우러러봐야 더욱 권위가 있어 보인다는 대중심리가 있다. 그래서 큰 키는 은연중에 중요한 정치적 자산이다.[43] 그런가 하면 한국의 중년 남자에게 머리카락이 빠지는 것은 엄청난 공포다.[44] 한국에 가발산업이 발달한 이유가 있다.

화장품을 뜻하는 영어의 'cosmetics'는 그리스어 '코스메티코스kos-meticos', 즉 우주의 질서 '코스모스kosmos'에 뿌리를 둔다. 여성의 화장은 여성의 특권이자 미의 핵심에 접근하는 수단이었다. 그러나 근래 들어와서는 사정이 달라지고 있다. 남성용 화장품도 매출이 기하급수적으로 늘었다. 젊은 세대 수요자가 급증한 것이다.

여성용 화장품은 남성용에 비해 값이 훨씬 비싸고 사회통념상 무리 없이 받아들여진다. 그런데 따지고 보면 화장품의 본질은 피부영양제다. 여성의 피부와 남자의 피부 사이에 다른 영양제를 써야 할 정도로 본질적 차이가 있는 것도 아니다. 그것은 마치 남자가 먹는 쌀과 여자가 먹는 쌀이 따로 없는 것과 같은 이치다. 이는 오래전에 유명 화장품 회사 사장이 들려준 공공연한 영업 비밀이다.

남자화장품 전성시대

근래 들어서는 남자의 치장도 필수로 인식하는 사람이 늘고 있다. 남녀 불문하고 옷이 날개다. 외모와 의복이 중요한 개성의 표현이라는 생각이 확산되고 있다. 한때는 청소년의 일상을 지배하던 제복문화가 급속하게 후퇴하고 있다. 이에 따라 중고등학교에서 두발과 교복의 자율화가 확산되고 있다.

대학생은 귀고리, 염색, 문신 등 과거에는 불량성의 상징으로 치부했던 여러 행태의 치장을 별반 무리 없이 수용하고 있다. 청바지가 어울리는 중년이나 노년의 남자가 로망이 되기도 했다. 많은 사내들은 왕년의 스타인 신성일을 부러워한다. 팔십도 넘은 나이에 은발의 위엄이 넘치고, 아직도 탄탄한 복근이 상징하듯 평생 운동으로 다져진 강건한 육체, 그리고 무엇보다도 아내에게 당당한 모습에 부러움을 금치 못한다.

일본에서도 오래전부터 선탠 살롱에 드나드는 중년 남자가 증가했다. 집단이 아닌 개인의 시대에는 얼굴과 스타일이 개인적 가치에 포함될 것이다. 물론 가장 중요한 것은 개인의 능력과 기술이지만 이에 자신을 갖지 못하는 남자, 그것만으로 성에 차지 않는 남자들은 성형수술도 받고 살롱에도 다닌다.[45] 미국도 사정은 마찬가지다. 해나 로진 Hanna Rosin은《남자의 종말The End of Men》에 이렇게 썼다.

"남자들은 당연히 따라잡기에 나섰다. 최근의 성형 붐은 특히 중년 남자들이 불붙인 것이다. 주름살 제거, 보톡스 주사, 지방 흡입 시술을 받으려 줄을 섰다. 멘세서리mencessory 사업, 남성화장품 사업이 붐을 이룬다."

'비너스와 아도니스'의 신화는 미를 추구하는 것은 남녀에 공통된 속성임을 암시해준다. 준수한 외모에 대장부 스타일의 사냥꾼 아도니스는 여신 비너스의 연인이 된다. 그러나 올림포스 산에 소집된 신들의 회의에 참석하기 위해 잠시 자리를 비운 사이에 아도니스는 멧돼지의 공격에 목숨을 잃는다. 비너스는 아도니스의 가슴에서 흘러내리는 피에 신들의 음료인 넥타르를 붓는다.

"그대 흘린 피가 봄꽃이 되어 피게 하리라."

이로써 아도니스는 피처럼 붉은 아네모네로 다시 태어났다. 아네모네는 '바람'이란 뜻이다. 젊은 나이에 죽은 아도니스라는 이름은 바람처럼windflower 만인의 연모의 대상이다. 남자가 미인을 밝히는 것 못지않게 여자도 남자의 외모에 가산점을 준다.

"사람의 신체와 터럭과 살갗은 부모에게서 받은 것이니 이것을 손상시키지 않는 것이 효의 시작이니라."

《효경孝經》의 첫 장에 실린 공자의 말씀이다. 구한말 단발령에 저항하던 조선의 유생들이 들이대던 저항의 구호이기도 하다. 지리학자 김이재는 여성의 성형수술이 많은 나라는 여성의 사회적 지위가 낮다는 주장을 폈다.[46] 그럴듯한 관찰이다.

나라마다 주된 성형의 부위가 다르다. 한국은 단연 얼굴이다. 브라질은 몸매, 미국은 체형 관리와 노화 억제, 터키 남자들은 탈모치료 및 모발 이식, 이란 여성의 경우는 히잡을 벗은 후로 단연 코다. 미국의 경우는 외모보다 건강이다. 한때는 실리콘 주사를 통해 꼿꼿이 세운 유방이 모든 여성의 꿈이었다.

아래로 축 늘어진 유방을 연상시키는 'droopy'라는 단어는 《맥베스》에 나오는 세 마녀들을 묘사할 때 즐겨 사용되었다. 여성의 사회적 지위가 낮은 나라일수록 여성들이 더 '여성다워' 보인다. 화장을 짙게 하고, 여성성이 두드러지는 옷차림을 한다. 사회적 지위가 어느 정도 보장된 나라 여성들은 옷차림이 실용적이고 화장도 연해 보인다.[47]

남녀의 다른 신체와 의상, 그리고 차림새의 구분이 점차 무너져가고 있다. '유니섹스 모드'가 확산된 데는 페미니스트 운동가들의 강한 도전이 주효한 점도 있다. 아일랜드 출신 페미니스트 에머 오툴Emer O'Toole은 '여자다운 게 어딨어!'라며 강한 도전장을 던진다. 그녀는 흔히 '여성스럽다'고 여겨지는 특질들이 성차별적 각본에 의해 주입된 것에 불과하다고 말한다.

오툴은 2012년에 영국의 한 TV 프로그램에 18개월 동안 겨드랑이 털을 제모하지 않은 채 출연하여 영국사회를 발칵 뒤집어놓았다. 이에 더해서 10여 년 이상 삭발, 남장과 여장을 번갈아 하고 출근하기, 양성애 실험 등 그때까지 성역이라 여겨지던 관념들을 뒤흔드는 작업을 계속했다.

여성은 어릴 때부터 겨드랑이 체모는 비위생적이며 보기에 추하다는 교육을 받는다. 반면 남자아이들에게는 오히려 건강함의 징표로 여겨진다. 이런 구분은 유전적이거나 윤리적인 근거가 없이 오로지 여성 혐오적인 시선에 의해 만들어지고 유지돼온 문화적 편견일 뿐이다. 방송에서 겨드랑이 털을 보여준 후 오툴은 팬이라는 한 남성으로부터 이메일을 받았다. 이메일 속 링크를 클릭했더니, 저자의 사진이 올라간 게시물에서 남자들이 '이 여자와 섹스를 할 수 있는지'를 놓고 토론을 벌이고 있었다.[48]

옷도 마찬가지다. 여성이 스커트를 입는 데는 생물학적 필연성이 없다. 오툴이 남장을 하고 남자들처럼 춤을 추자 가까운 친구들을 제외하고는 그가 여성임을 눈치 채지 못했다. 이는 우리가 특정인의 정체성을 파악할 때 몇 가지 상징적 표지(옷, 헤어스타일, 말투, 행동 등)에 간편하게 의존한다는 방증이다. 미국의 여성학자 주디스 버틀러Judith Butler는 이렇게 말한다.

"젠더는 리허설을 거친 연기이고, 그것을 써먹는 특정 연기자들보다 더 오래 존속하는 각본으로서 다시 한 번 현실에 실현되고 재생산되기 위해 연기자들을 필요로 한다."

유전자에 의해 결정되는 생물학적 성(섹스)과는 달리 젠더는 특정 행동 양식을 잘 훈육시킨 결과일 뿐이라는 얘기다.

PART 2

/

남자와 결혼

남자는 도대체
무슨 생각을 하는 걸까?

좋은 부부관계를 위해 항상 이성적일 필요는 없다.

한두 가지 면에서는 때때로 제정신이 아니라는 걸

인정할 줄 아는 자세가 필요하다.

부부 사이의 사랑의 본질은 원래 '관성과 체념'이기 때문이다.

남자, 결혼을 관성과 체념으로 채우다

"행복한 가정은 모두 비슷하게 행복하다. 불행한 가정은 제각기 다른 방식으로 불행하다."

세계문학의 금언이 된 톨스토이의 소설《안나 카레니나Анна Карени- на》의 첫 구절이다. 부부를 '도반정려道伴情侶'라 부른다. 함께 삶의 가치를 추구해 나가는 정으로 뭉쳐진 사이라는 뜻이다. 결코 단순한 식반색려食伴色侶가 아니다. 단지 함께 밥만 먹고 잠자리를 나누는 사이가 아니라는 뜻이다.

도반이자 식반인 사이, 그것이 바로 부부다. 우리나라 결혼식에서 주례들이 자주 인용하는 시가 있다. 함민복 시인의 〈부부〉는 바로 이런 관계를 그린다.

긴 상이 있다

한 아름에 잡히지 않아 같이 들어야 한다

좁은 문이 나타나면

한 사람은 등을 앞으로 하고 걸어야 한다

뒤로 걷는 사람은 앞으로 걷는 사람을 읽으며

걸음을 옮겨야 한다

잠시 허리를 펴거나 굽힐 때

서로 높이를 조절해야 한다

다 온 것 같다고

먼저 탕 하고 상을 내려놓아서는 안 된다

걸음의 속도를 맞추어야 한다

한 발

또 한 발

너무나도 옳은 말이다. 그래서 더욱 힘든 것이 결혼이다. 진솔한 시인의 개인사가 시의 진실의 무게를 더해 준다고 한다. 김정운의 《나는 아내와의 결혼을 후회한다》 같은 제목의 책은 중년 남자들의 관심을 끌기 마련이다. 그런 생각을 한 번쯤 품어보지 않은 남자는 거의 없을 것이기 때문이다. 실제로 아내와 이혼을 할 의사나 가망이 없을수록 더욱 그렇다.

결혼이라는 것은 많은 욕망을 접고 사는 삶이다. 오래전에 삼성그룹이 위기를 맞자 당시 이건희 회장이 비장한 수사를 던졌다.

"살아남으려면 마누라와 아이만 빼고 다 바꾸라!"

많은 삼성 임원들이 회장의 구호가 잘못되었다고 불평했다는 우스갯소리가 있다. 김정운의 말마따나 세상에 무엇보다 가장 바꾸고 싶은 것이 다름 아닌 마누라이니까 말이다. 영국 철학자 버트런드 러셀 Bertrand Russell에게 누가 결혼생활에 대해 묻자, 그가 이렇게 대답했다.

"아내가 살아 있는 이상 진실을 말할 자유가 없다오."

이 말은 근대 중국 개화기의 지성인 임어당林語堂이 즐겨 인용하던 유머라고 한다.[1] 그런데 러셀에게는 아내도, 아내 아닌 애인도 여럿 있었다고 한다.

진실이란 말할 필요가 없을 때는 말하지 않는 편이 좋다. 인간이란 100% 거짓말을 할 수는 없고 100% 진실도 말할 수 없다. 인간의 삶이 그러하듯이 결혼도 진실과 거짓의 섞임이다. 거짓도 진심의 일부다. 상대를 위로하고 감싸기 위한 선의의 거짓말은 거짓이 아니기 때문이다.

"서로 사랑하기는 쉽지만 함께 살기는 어렵다."

중국 속담이다. 사람들은 사랑이란 열정보다 기술이란 것을 살아보고서야 비로소 알게 된다. 결혼은 서로 적당한 수준의 거짓말을 견디고 참아내는 기술이다. 20세기를 연 위대한 철학자 니체는 결혼제도는 열정의 본질에 어긋나는 제도라고 단언했다.

"인간의 열정이 영원히 지속된다는 생각은 어리석은 일이다. 잠깐 동안 불타오르는 사랑으로 결혼한 두 사람에게 영원한 사랑, 영원한 정열의 의무를 지우는 결혼제도는 열정의 본질에 어긋난다. 돌발적이고 일회적인 약속에서 영원한 의무를 창조해낸 제도와 풍습에서 위선과 거짓이 생겨나기 마련이다."[2]

현대사회의 가장 슬픈 합의 가운데 하나가 결혼이라는 말이 있다. 이렇게 결혼이 실제 이상으로 끔찍한 것처럼 표현되는 까닭은 결혼이 원칙적으로 행복을 위해 이루어져야 한다는 세상 사람들의 가정 때문이다. 하지만 결혼생활은 한마디로 침대 시트와 비슷하다. 아무리 애를 써도 네 귀퉁이가 반듯하게 펴지지 않는다. 한쪽을 제대로 펴놓으면 다른 쪽이 더 구겨지거나 흐트러진다. 결코 완벽을 추구할 수 없다.[3] 우리는 사랑의 시작에 대해서는 과도하게 알면서도 어떻게 사랑을 지속할 수 있는지에 대해서는 무모하리만치 아는 게 없다.[4] 결혼의 본질은 무엇인가? 무수한 미사여구에도 불구하고 냉정하게 말하면 결혼생활의 본질은 '관성'과 '체념'이다.

관성이란 부부 사이에 축적된 편한 상태다. 둘 사이가 편해지려면 서로 양보해야 한다. 함께 이룬 것이 많으면 안정에 도움이 된다. 함께 가꾸어야 할 자식이 있으면 섣불리 헤어지기 쉽지 않다. 헤어질 경우에 감당해야 할 부담이 싫어서라도 부부가 서로 양보하게 된다. 결혼생활을 혼자서 참아내는 사람도 있다. 그런 결혼이 정상적일 수도 행복할 리도 없다. 결혼생활의 성공은 둘이서 함께 참아낼 때 비로소 이루어진다.

진짜 러브스토리는 평생 서로 포로가 되기로 엄숙한 서약을 나눌 때부터 시작된다. 알랭 드 보통Alain de Botton은《낭만적 연애와 그 후의 일상The Course of Love》에서 혼인서약으로 추상적인 미사여구보다는 더 구체적이고 현실적인 생활 경구를 담으면 어떨지를 이야기한다.

"당신에게, 오로지 당신에게만 실망할 것을 맹세합니다. 그로 인한 불만도 당신에게만 털어놓고 다른 사람과 바람을 피우면서 불만을 퍼뜨리고 다니지 않겠습니다. 나는 여러 가지 불행의 선택을 검토했고, 그 결과 내 일생을 바칠 상대로 당신을 택했습니다. 나는 당신이 내게 실망을 느끼더라도 의리를 지킬 것을 믿습니다."

그는 또 결혼이라는 제도에 대해 이렇게 말한 적이 있다.

"결혼은 그 당사자들이 순간순간의 감정을 과도하게 내색하지 않고 살아갈 때 환영할 만한 제도일 수 있다. 그런 자애로운 무관심은 사실 끊임없이 감정의 맥을 짚어 그에 맞추는 식의 결혼제도보다도 사람들이 오래 바라던 바를 더 잘 대변해준다."

흔히들 평생 단 한 차례만 결혼을 한 사람을 행복한 사람이라고 한다. '죽음이 둘을 갈라놓을 때까지' 금슬 좋은 부부는 죽음도 동반한다. 함께 병석에 있던 노부부 중 한쪽이 죽으면 기다렸다는 듯이 나머지도 뒤따라가는 경우도 심심치 않다. 과거에는 부부가 끝까지 함께 살지 않으면 그 결혼은 실패한 것이라 여겼다. 그러나 지금은 지속적인 사랑의 감정이 없으면 실패한 관계라고 여긴다. 커플이 얼마나 오랫동안 함께 하느냐는 그다지 중요하지 않다. 대신 함께 하는 동안 얼마나 서로 사랑했느냐가 더 중요하다.[5]

부부가 좋은 관계를 유지하기 위해서는 언제나 이성적일 필요는 없다. 한두 가지 면에서 때때로 제정신이 아니라는 것을 쾌히 인정할 줄 아는 능력이 필요하다. 따라서 부부 사이에서 사랑의 본질은 다름 아닌 관성과 체념이다.

과거에는 결혼을 보호하는 사회적 규제와 제도가 많았다. 그래서 남녀관계에서 상대방에게 자신이 꿈꾸던 이성의 모습을 강요하더라도 크게 문제가 되지는 않았다. 종교적 규제와 사회적 규제가 남녀가 서로 어떻게 이상화하든 결혼생활을 지속할 것을 강요했기 때문이다. 그러나 이제는 더 이상 이런 가정은 성립하지 않는다.

오늘날 결혼생활을 특징짓는 잦은 불륜, 높은 이혼율, 나아가 아이들과 어른들이 모두 겪는 갖가지 심리적 콤플렉스들은 어디에 연원을 두고 있을까? '고대 공동체' 이론의 지지자들은 인간의 생물학적 소프트웨어와 맞지 않는 핵가족과 일부일처제로 살도록 강제한 탓이라고 한다.

그러나 많은 학자들이 이 이론을 거부하고 일부일처제와 핵가족의 형성은 인간 행태의 본질적 요소라고 주장한다.[6] 결혼이 생존을 위한 필수가 아니라 선택이 되어버린 현대에 사람들은 로맨스를 개인적, 문화적 욕구단계에서 더 상위에 올려놓았다. 이제 로맨스와 섹스를 억압하지 않고 몸과 뇌를 완전히 몰입할 수 있는 자유를 구가한다. 여기엔 여성인권운동이 기여한 바가 크다.

여자가 남자를 고르게 되면 그 반대의 경우보다 오래 지속될 가능성이 높다.[7] 어떻게 남자와 오랜 관계를 유지할 것인가? 여자는 의식적이든 무의식적이든 파트너에게 이상적인 로맨스를 강요하고 있지 않은지 반성해보는 것이다. 만약 그렇다면 대부분의 남자들은 한두 해면 맞추어 살 수 없다는 것을 깨달아야 한다.

결혼생활에서 성공한 여자들은 대부분 남편에게 요구하던 이상적인 로맨스를 의식적으로 바꾼 사람들이다. 너무 오랫동안 이상적인 로맨스에 매달리는 여자들은 불행한 결말을 맞는 경우가 많다. 아이가 생기고 남자의 부양 능력이 더욱 중요한 것임을 깨달은 여자는 결혼 초기에 걸었던 로맨스를 포기한다. 대부분의 나라에서 이혼 신청의 65%가 여자가 제기한 것이다.[8]

일부일처제가 인간의 본성에 합당한 제도이든, 아니면 단지 오래된 습속일 뿐이든 앞으로도 공동체 삶의 기준으로 남을 것이다. '남자는 결혼생활을 계속하기 위해 무엇을 해야 할까?'라는 물음에 대한 정답으로, '똑똑한 여자와 결혼해서 그녀가 하자는 대로 하면 된다'라는 유머가 있다. 실제로 결혼생활의 주도권을 여자에게 넘겨주지 않으면 대부분 이혼으로 끝난다.

존 그레이John N. Gray의 《화성에서 온 남자, 금성에서 온 여자Mars and Venus Starting Over》는 남성과 여성의 사고방식이 얼마나 다른지를 보여주는 대표적인 작품으로 꼽힌다. 이 책을 보면, 일부 전문가들은 남성과 여성의 '뇌 구조' 자체가 다를 수 있다고 주장하는 가운데 남녀에 따라 꿈의 내용도 다르다는 흥미로운 조사 결과가 공개되었다.

남자도, 여자도 세월을 함께 타고 넘어야 한다.

"그녀가 사랑하는 남자는 같은 남자다. 그 남자는 몇 년 사이에 인생의 다음 단계로 넘어가 적응하며 살고 있다. 그녀도 예전에 남자가 사랑했던 바로 그 여자이기는 하지만, 뇌는 시간의 변화에 적응했다. 예전처럼 섹스를 갈구하지도 않고, 남편에게 잘 보이기 위해 옷차림을 신경 쓰지도 않을 것이다."[9]

바로 관성과 체념이다.

사랑, 섹스, 그리고 가족

평생토록 단 한 차례도 딴 사람을 곁눈질하지 않는 부부는 없다. 일부는 습관적으로 외도를 한다. 외도는 배신인가? 법적으로는 그렇다. 그렇다면 외도를 저지른 배우자가 무조건 잘못했고 결혼의 순결을 지킨 배우자는 아무런 잘못이 없는가? 외도 못지않게 상대에게 충격과 실망을 주는 다른 유형의 배신행위는 얼마나 많은가? 대화의 거부, 섹스의 거부, 인격적 모욕……. 배우자의 탈선은 모든 상황이 누적되어 발생한 것은 아닌가?

한 사람이 다른 사람의 모든 성적, 감정적 욕구를 해결해줄 수 있는가? 이런 터무니없는 기대를 품게 하는 결혼제도의 비상식적 야심과 고집이 진짜 문제다.[10]

과거 사람들은 사랑, 섹스, 가족에 대한 욕구를 따로따로 구별했다. 18세기 중반까지만 해도 유럽에서는 낭만적 사랑과 섹스, 그리고 가족은 각각 독립된 것으로 여겨졌고, 따라서 현실은 그다지 복잡하지 않았다.

그러나 비교적 부유한 유럽국가의 특정 계급 사이에 새로운 가족적 가치관이 형성되기 시작했다. 이제부터 부부는 자식을 위해 서로 참아주는 것에 만족해서는 안 되고, 이에 더해서 서로를 깊이 사랑하고 욕망하는 것이 도리가 되었다.

결혼에 대한 새로운 이상의 탄생과 옹호는 부르주아 계층에 의해 거의 독단적으로 이루어졌다. 부르주아 계급은 낭만적 사랑의 호사를 누릴 시간이 모자랐다. 에로틱하고 감상적인 관계를 만끽할 수 있을 정도로 자유롭지도 않았다. 그래서 단 한 명의 파트너와 법적으로 평생 지속하는 관계를 맺는 데 시간과 노력을 쏟게 된 것이다.[11] 우리나라의 경우는 남자의 외도만 제도로 인정되거나 관용되었다. 반면에 여성의 불륜은 그것만으로도 씻을 수 없는 죄악으로 인식되었다. 그런 시대가 물러간 지 오래다. 부부가 평등한 결혼은 탈선의 기회와 책임에서도 동일한 기준을 적용받게 되었다.

결혼의 함정

오래된 연인이나 부부 사이에는 언제나 성관계가 가능하다고 안이하게 생각할 수 있다. 결혼은 성행위와 관련된 사회적 행동으로, 일종의 허락받은 관계이다. 그러나 한쪽만 원한다고 언제나 가능한 것은 아니다. 항상 성관계가 보장된다는 외형 속에 오히려 더 힘들고 어두운 현실적 장벽이 세워져 있다.

아내에게 잠자리를 거부당할 때 느끼는 사내의 충격과 당혹감은 다른 사람에게서 거부당하는 것과는 본질적으로 다른 심각한 상처를 유발할 수 있다. 섹스를 하고 싶지 않다고 해서 사랑하지 않는 것은 아니다.[12] 하지만 이성에게 거절당하는 것은 결코 유쾌한 일이 아니다.

하지만 섹스를 거절당했다고 해서 결코 심각하게 받아들일 필요는 없다. 프로야구 최고 타자의 타율이 3할 대다. 홈런은 지극히 예외적인 횡재다. 또한 나를 거절한다고 해서 상대가 나의 인격이나 영혼에 혐오감을 느낀다고 생각하지도 말라. 거절의 이유가 무엇이든 상대는 단지 나의 몸에 흥분을 느끼지 못할 뿐 도덕적 판단과는 무관하다.

'No'는 그저 'No'일 뿐이다. 부부 사이도 마찬가지다. 남편이라고 해서 아내의 성에 대한 독점권을 가진 것은 아니다. 아내의 성은 은행에 저축해둔 저금처럼 내가 필요할 때마다 꺼내 쓸 수 있는 것이 아니다. 그만큼 적정한 절차가 필요하다는 얘기다. 부부나 오래된 연인 사이에는 둘 사이에만 통용되는 은밀한 사랑의 코드가 있기 마련이다.

그 코드에 접근하는 비밀번호가 맞아야만 한다.

에로티시즘과 관련하여 결혼이 지니는 함정은 습관이다. 습관적 성행위는 금기를 위반하는 매력이 없다. 금기와 위반의 부재는 관능의 상실을 의미한다. 만약 혼외정사가 에로티시즘을 증폭시킨다면, 그것은 육체적인 이유보다 정신적 이유가 더 클 것이다. 흥분과 기대뿐 아니라 죄의식이 함께 소용돌이치는 강렬한 위반 의식이 수반되지 않으면 격렬한 에로티시즘을 불러일으키기 어려울 것이다.[13]

부부 사이에도 강간죄가 성립된다는 말에 적지 않은 충격을 받은 중년사내들이 많다. 이제 우리나라의 법도 그렇게 되었다. 아내가 원치 않는 남편을 강간한 경우도 마찬가지다. 그게 어떻게 기술적으로 가능한지 의문을 품은 사람도 있을 것이다. 남자의 무기는 공격용인데 반해 여자의 것은 수비용에 불과한데 어떻게 여자가 남자를 강간할 수 있단 말인가? 이런 의문을 품는 사람은 시대의 변화에 둔감한 사람이다. 여성의 성기에 물리적 삽입이 있어야만 강간죄가 성립된다는 전래의 법리는 무너진 지 오래다. 또한 성행위와 성기의 법적 개념과 범주가 크게 확장되면서 이성 간에는 물론 동성 사이에도 강간죄가 적용된다.

자녀 없는 삶에 대하여

"아이가 몇이세요?"

처음 만나는 중년여자들끼리 주고받는 전형적인 수인사다. '없다'고 대답하면 상대가 난감해한다. 무어라 대꾸할지 몰라 입을 다물어 버린다. 어색한 침묵이 흐른다.[14] 결혼하는 부부가 아이를 가지는 것이 보편적이지만 반드시 그래야만 되는 것은 아니다.

자녀가 없는 사연은 대체로 세 가지 유형으로 분류된다. 첫째, 인생이 달리 흘러갔더라면 자녀를 두었을지 모르는 사람들이 대다수다. 즉 '어쩌다 보니' 아이가 없게 된 사람들이다. 둘째, 애초에 자녀를 원치 않았고, 이 점을 항상 유념하고 있는 사람들이다. 세 번째 유형은 자녀를 원하지만 가질 수 없어 가슴 아파하면서 살아가는 사람들이다. 어떤 유형이든 자녀가 없는 인생은 애로도 있고, 이점도 있다. 육아에는 기쁨과 함께 고통이 따른다. 아이를 갖지 않기로 한 사람들은 소수자의 길을 선택한 것이다. 그래서 '아이가 없는childress' 게 아니라 '아이로부터 자유로운childfree'이라는 용어가 등장했다.

이는 결핍이 아니라 선택이다. 피임약이 상용되기 이전에는 달리 선택의 여지가 없이 자연적 결과를 받아들여야 했다. 지금도 대부분의 젊은이들은 언젠가는 자녀를 가질 것이라고 생각한다. 그것을 정상으로 간주한다. 그러나 일본과 서유럽에서 출산율이 감소하고 있다. 언론이 앞장서서 다자녀가정을 미화하는 북미도 마찬가지다.

한국에서도 급격한 저출산 추세가 가속되고 있다. 자본주의, 자유주의가 기본인 선진국에서는 의식의 변화가 일어나고 있다. 자녀를 가질지 말지 선택할 수 있고, 자녀 없는 삶을 받아들이게 되었고, 일부 부모들은 자녀를 가진 것을 후회할 수 있다는 사실을 인정하고 있다.[15]

'무자식이 상팔자'라고들 한다. 옛날에는 자식 없는 불행한 사람에게 건네는 위로에 불과했던 말이 이제는 진지한 인생의 잠언이 된 셈이다. 그러나 아직도 아이 없는 사람은 차갑고 이기적이라는 편견이 존재한다. 특히 일 때문에 아이를 포기한 여성의 경우는 가중된 질시의 대상이 된다.

그러나 무자녀 부부의 일상은 여유가 넘친다. 시간과 경제적으로 풍족하고 취미생활을 즐길 수 있다. 다만 자녀 없는 부부가 결혼생활을 유지하려면 남다른 노력이 필요하다. 결혼생활을 지켜줄 관성과 체념이라는 안전판을 구축하는 것이 훨씬 힘들기 때문이다.

"만약 저년의 몸에서 자식을 낳게 할 뜻이라면 그 의도를 거두시고, 저년의 자궁 속에다 불임의 저주를 불어넣어 주시옵소서. 저년의 자궁을 말려버리고 타락한 육체에 명예가 될 아이를 낳지 못하게 해주옵소서. 만약 불가피하게 아이를 낳게 하신다면 미움의 씨로 만들어 저년으로 하여금 평생토록 패륜의 고통을 맛보게 하소서."

셰익스피어의 명작 《리어왕》에 나오는 구절이다. 이러한 '리어왕의 저주'가 부모의 책무를 포기하기로 선택한 사람들에게 큰 위안이 된다. 운전면허나 의사면허처럼 타인에게 위해를 가할 수 있는 위험한 직업에는 엄격한 요건을 갖춰야만 면허가 주어진다. 그러나 아이의 인생에 결정적으로 악영향을 미칠 수 있는 부모가 되는 데는 허가증이 필요 없다. 1950년대 이래 유럽이나 미국에 '친권허가제'가 필요하다는 철학적 논쟁이 일었던 적이 있다.[16] 자녀가 없는 많은 부부들이 반려동물을 키운다. 반려동물에 대한 사랑으로 '부모 됨'을 대신할 수 있다는 주장도 제기된다.

혼자서도 살아갈 수 있는 사람이라야 제대로 된 연애를 할 수 있다. 연애를 최우선으로 삼지 않는 사람이 오히려 충실한 연애를 할 수 있다. 우리는 연애를 하기 위해 사는 것이 아니다. 살아가는 일이 연애보다 우선이다. 외양은 그럴듯해 보이나 위기에는 무너지는 그런 관계는 위태롭기 짝이 없다. 아이를 학대하거나 궁지에 몰려 정신병을 앓거나 극단적인 경우 자살까지 한다.

오랜 세월 일본에서 연애학 박사로 군림했던 인기 작가 무라카미 류村上龍는《자살보다 섹스自殺よりはSEX》라는 책에서, 자살을 하느니 차라리 위험도가 높더라도 섹스로 외로움을 달래는 편이 낫다고 말한 바 있다. 결혼도 마찬가지다. 결혼생활을 삶의 절대적 가치로 삼지 않는 사람이 오히려 충실한 결혼생활을 이끌 수 있다. 독신으로도 잘살 수 있는 사람이라야만 결혼생활도 성공할 수 있다. 스스로 앞가림을 할 수 없는 사람은 남에게 의존해야 한다. 물론 남을 배려할 수 있는 미덕은 안중에도 없다.

이것이 바로 대부분의 한국 중년 남자의 행태다. 다음 세대는 달라

남자의 책임, 여자의 의무

1960년대에 있었던 실화다. 대학 졸업반 남녀가 산행을 했다. 여자가 힘들어하자 남자는 손을 잡아주는 대신 손에 쥐고 있던 지팡이를 내밀었다. 소심한 그는 그렇게 하는 것이 좋아하는 여성에 대한 신사의 예의라고 믿었다. 만약 손이라도 잡게 되면 결혼에 한 걸음 다가서는 것으로 생각했다. 그것은 책임이 따르는 일이다. 사실 그에게 동급생 여학생은 감히 결혼을 꿈꿀 수 있는 상대가 아니었다. 곧 대학문을 나설 그 앞에는 막막한 세상이 큰 아가리를 벌리고 서 있다.

우선 군복무부터 마쳐야 한다. 다행스럽게도, 또는 요령 좋게 군대라도 면제받으면 모를까 그렇지 않으면 군복무는 피할 수 없는 대한민국 사내의 운명이다. 신성한 의무든, 진정한 사내로 태어나는 계기가 되든, 진짜 세상을 알게 되는 기회든, 어떤 명분과 실익에도 불구하고 그에게 군대는 3년 동안 청춘을 썩혀야만 하는 감옥이었다.

군대에 다녀와서는 먹고살 직장을 구해야 한다. 시골의 부모님은 힘들여 서울 유학을 보낸 장남의 출세 소식을 학수고대한다. 가족의 선택과 집중 투자를 받은 그는 기회를 얻지 못한 동생들의 장래도 함께 생각해야 한다. 그 책임만으로도 무겁다. 이렇듯 무겁고도 막막한 신세인 그인지라 선뜻 새로운 책임을 질 일을 할 수가 없다.

세상에는 숫처녀 신앙이 성행했다. 한 번 금이 가버리면 깨어진 도자기처럼 폐물이나 마찬가지다. 여성의 순결은 신성한 것이다. 남자가 처녀와 잠자리를 나누면 그 어떤 이유를 대고도 회피할 수 없는 책임을 져야 한다. 그 책임은 결혼이라는 평생 감옥의 수형자가 되는 것이다. 신혼 첫날밤에 처녀가 아니라는 사실이 드러나 결혼이 즉시 파탄이 나거나 평생 불행의 씨앗이 된 이야기는 너무나 진부할 정도로 널리 퍼져 있었다. 맞선을 보고 나서 세 번 '애프터 데이트'를 한 사내는 결혼 여부의 의사를 밝혀야 한다는 일종의 불문율이 탄생하기도 했다.

여자의 입장은 다르다. 졸업과 동시에 즉시 결혼을 해야 한다. 대체로 부모가 정해주거나 맞선을 통해 만나는 사람이다. 물론 연상이다. 이미 안정된 직장을 가졌거나 집안 배경이 든든하기에 장래가 밝은 사람이다. 대체로 여대생은 남자보다 집안 형편이 좋다. 남녀 대학생의 비율이 현격하게 차이가 났던 만큼 딸을 대학에 보낼 정도면 여유가 있는 집이다.

이런 상황에서는 집안 배경이 다른 동급생끼리의 연애는 결혼이 아니라 이별을 전제로 한 것이었다. 세부적 차이가 있을 뿐, 지극히 전형적인 신파 스토리다. 드물게 일찌감치 자력으로 출세 길을 확보한 청년들에게는 엄청난 특전이 주어진다. 사법고시나 행정고시에 합격한 극소수의 젊은이들에게는 권력자나 부자 처가라는 평생 스폰서가 따라붙는다.

이렇듯 막막한 것이 사내의 청춘이다. '책임진다'는 말만큼 남자에게 운명을 옥죄는 말은 없다. 그러니 여관방에서도 실랑이가 벌어진다. 절박하게 안달이 난 사내에게 '책임진다'는 확약을 듣지 않고 최후의 선을 내준 여자는 스스로 불행의 씨앗을 껴안고 뛰어드는 것이다. 요즘 젊은이들의 기준으로 보면 너무나 한심스러운 일일지도 모른다. 그래도 그때가 옳았고, 지금은 틀렸다고 생각하는 그 세대 사람들도 많다. 그 세대의 청춘남녀에게 익숙한 사랑시가 있다. 유치환 시인의 〈행복〉이다.

사랑하는 것은
사랑을 받느니보다 행복하나니라
오늘도 나는 너에게 편지를 쓰나니
그리운 이여 그러면 안녕
설령 이것이 이 세상 마지막 인사가 될지라도
사랑하였으므로 나는 진정 행복하였네라

유치환 시인 자신의 고백이다.

"간혹 젊은이들로부터 시인이 된 동기가 뭐더냐는 물음을 받는 수가 많습니다. 그럴 때마다 나는 서슴지 않고 연애일 게라고 대답합니다. 열네 살 때부터 나는 벌써 한 소녀를 사랑했던 것입니다."

다음은 같은 시인의 시, 〈소년의 날〉이다.

내 소년의 날은
일삼아 하모니카 불며 불며
풋보리 기름진 밭이랑
배추꽃 피어 널린 두던을 노닐어
햇발처럼 행복하고
달콤한 연정에 일찍 눈떠
민들레 따서 가슴에 꽂고
꽃같이 우울할 줄 배웠네라.

그의 고백은 이렇게 이어진다.

"생각하면 섹스에 대한 의식이 아직 육체 속에 잠자고, 채 눈을 뜰락 말락 하던 시기에 있어 이 같은 이성에의 막연한 동경의 아지랑이 속에 가슴 부풀기만 하던 상황이야말로 천진무구한 세계였던 것입니다. ……차차 나이가 들어 섹스에 눈떠서 막연하게나마 충동을 느낄 줄 알았지만, 이런 때에도 그 대상으로 사랑하는 소녀는 아예 생각할 수도 없었습니다. 어쩌다 그런 생각이 그에게로 미치기나 할라치면 그것은 도저히 있을 수 없는 모독 같아서 내 자신이 스스로 용서 못하는 것이었습니다."[17]

데이트는 자본주의의 산물

서양에서도 데이트는 그리 오래된 관습은 아니다. 데이트는 자본주의적 연애제도로, 자본주의의 발달로 인해 도시화와 산업화가 본격적으로 진행된 19세기 말부터 20세기 초 사이에 생겨난 신생문화다. 그 이전에는 주로 가정 방문을 통해 연애가 이루어졌다. 모든 데이트는 결혼을 염두에 둔 탐색 과정 내지는 예행 연습에 불과했다. 그러나 방문객을 맞을 번듯한 집이 없는 사람은 바깥에서 데이트 공간을 확보해야만 했다.

이렇듯 데이트의 시작은 초라했다. 다닥다닥 붙은 변두리 하층민들의 거처는 사람을 초청할 수 있는 곳이 아니었다. 그런데 도시는 남녀가 함께 즐길 놀이장소가 넘쳐났다. 댄스홀, 극장, 영화관, 레스토랑 등등……. 한마디로 만날 장소가 마땅하지 않아 상업적 공공장소에 출입한 도시 하층민의 여흥문화에서 데이트가 탄생했다.

데이트는 자본주의 교환경제의 산물이기도 하다. 애당초 돈을 써야 가능한 데이트는 돈으로 시작하여 돈으로 끝난다. 사랑은 감정의 문제지만 데이트는 돈의 문제다. 돈을 매개로 한 이성교제, 이것이 데이트의 본질이다. 데이트 비용은 누가 댈 것인가? 주로 남자의 책임이었다. 그 대신 남자는 권력을 가진다. 돈을 내는 기회 자체가 권력이다. 데이트 제도에서 여성은 남성이 구매하는 상품이 된다. 데이트 관습은 여성의 불평등을 코드화하고 남성의 권력을 승인했다.[18]

남자가 데이트 자금을 마련하기 위해 범죄를 저지르는 일도 비일비재했다. 요즘도 유흥비를 마련하기 위해 범죄를 저지르는 건달도 많다. 불특정 여성들과 벌이는 난잡한 데이트에 술은 필수적 매개체이고 때로는 마약이 가미되어 강도를 높인다.

미국과 유럽에서는 1960년 이래로 '성 혁명'의 질풍이 거세게 불어닥쳤다. 데이트 시스템이 해체되고 지배력을 상실했다. 육체적 순결은 더 이상 중요하지 않게 되었다. 혼전 섹스가 증가했고, 젊은이 사이의 관습은 애무에서 성교로 바뀌었다. 이로써 여성의 가치가 성적 도덕과 결부되었다는 사실은 망각되었다.

성 혁명은 남녀가 결혼제도와 무관하게 성적으로 애정을 표현할 권리를 의미하고, 여성의 가치를 순결과 동일시하는 태도를 버리는 데서 출발한다. 청년기를 독자적인 범주로 생각하는 젊은이는 관습적 규제를 철폐해야 한다고 주장하기도 했다.

이에 새로운 청년문화의 확산을 방지하려는 기성세대는 남자보다 여성을 통제함으로써 혼외섹스를 통제하고자 했다.[19] 남자는 어떤 식으로든 성적 행위를 원한다. 그러니 여성은 자신의 본성에 맞게, 그리고 자기의 이익에 부합하는 방식으로 성적 자제심을 발휘해야 한다.

여성이 남성에게 절대적 거부권을 행사해야 한다.

여성의 'No'가 남성의 'Yes'를 압도해야 하며, 여성의 'No'가 남성의 'Yes'와 마찬가지로 자연스럽고도 당연한 것으로 인정되어야 한다.[20] 남자들이 성적 통제권을 포기하거나 성적 책임을 기꺼이 부담하는 경우는 아주 드물었다.

젊은 연인들의 사랑에는 인간 종족에 필요한 섹스와 로맨스가 혼재되어 있다. 그들은 섹스가 연애의 끝이 아니라 새로운 시작이라고 믿는다. 사랑에 빠진 두 사람은 자신들이 평생 서로를 찾아 오랜 세월 세상을 헤매다가 마침내 운명의 여신에 의해 짝 지워진 인생의 동반자라는 착각을 한다.[21]

섹스에 대한 남자의 욕구는 학습된 행동이 아니라 타고난 것으로 데스토스테론, 바소프레신, 도파민과 같은 생화학물질이 작용한다. 남자의 뇌는 사정이라는 최종 목적을 달성하는 데 집착한다. 남자에게 연애는 섹스의 목적이고, 여자에게 섹스는 더 깊은 관계로 나아가기 위한 방편이다.[22]

날카로운 첫 키스의 추억은

"키스를 받은 입술은 윤기를 잃지 않는다. 오히려 달처럼 더욱 빛난다."

이탈리아 르네상스 시대를 열었던 작가 보카치오의 《데카메론De-

경관이 하나 있다. 그는 강간 예비범이고 가장이다.
그는 당신의 이웃이고 당신 오빠의 죽마고우다.
제 딴에는 나름대로 이상을 가지고 있다.

모든 남성은 강간범이 될 수 있다. 경관으로 상징되는 세속적 권위
와 물리력을 가진 사내는 힘의 철학에 산다. 남성이 자신의 존재와 힘
을 과시하는 수단은 타인을 지배하는 일이다. 그리하여 남성에게는
강간도 힘의 지배를 관철시키기 위한 수단인 것이다.

그가 장화를 신고 은빛 배지를 달고
말을 타고 권총에 손을 뻗을 때
그는 이미 당신에게는 타인이다.

개인적으로는 따뜻한 친구, 더없이 정겨운 이웃 아저씨인 남성도
일단 가부장제의 일원이 되고 나면 즉시 지배자로 탈바꿈한다. 그러
고는 피지배자인 여성 위에 군림하고자 한다.

당신은 그를 잘 모르지만 그를 알아두어야만 한다.
그는 당신을 죽일 수 있는 기계를 가지고 있기에.
그와 그의 애마가 쓰레기더미를
야전사령관마냥 헤집고 다니고

싸늘한 입술 사이로 삐져나온 그의 이상은
대기에 얼어붙은 구름이 되고

남성은 모든 사회조직을 장악하고 있다. 여성의 권익은 여성 자신의 독자적인 힘에 의해서가 아니라 오로지 남성의 양보와 관용에 의해서만 보장받을 수 있다.

그래서 시간이 되면 당신은 그에게 달려가야만 한다.
치한의 체액이 아직도 당신의 허벅지에 끈적거리고
당신의 분노가 미친 듯 소용돌이칠 때
당신은 그에게 자백해야만 한다.
강간당한 죄가 있노라고.

남성이 지배하는 사회는 강간당한 여성을 감싸주고 약탈당한 권리를 보상해주기는커녕 오히려 그녀를 벌한다. '강간당한 죄'가 있노라고. 얼마 전까지만 해도 우리나라에서 유부녀 강간범을 '가정파괴범'으로 불렀다. 강간당한 사실만으로 가정파괴로 이어진다고 추정했던 것이다.

강간범의 처벌에 관한 법리와 적용 관행도 여성에게 지극히 불리하게 되어 있다.《진짜 강간Real Rape》이라는 제목의 책에서, 하버드 법대의 수전 에스트리치Susan Estrich 교수는 실제로 강간당한 자신의 경험을 고백하면서 지배자 남성의 윤리인 강간죄의 법리를 조목조목 비판했다. 이보다 앞서 수전 브라운밀러Susan Brownmiller가 쓴 책《우리 의사를 무시하고Against Our Will: Men, Women, and Rape》의 머리말에 담긴 절규는 많은 사람의 가슴에 피를 끓게 만들었다.

"모든 남성이 끊임없이 우리를 강간한다. 그들의 몸으로, 눈으로, 그리고 뻔뻔스러운 그들의 도덕률로."[27]

근래 들어 여러 공공장소에서 '성폭행은 범죄입니다'라는 표어를 볼 수 있다. 이는 마치 '목포는 항구다'라는 옛날 가요의 제목처럼 실소를 짓게 한다. 너무나도 자명한 사실을 거듭 강조해야 하는 이유가 있다. 이는 몽매한 야만인 사내에 대해 문명사회의 이름으로 건네는 계고장이자 성폭력에 무딘 사회, 심지어 성폭력을 관용하는 문화에 대한 엄중한 경고장인 것이다.

성적 지배권을 극도로 누리던 남자는 시대의 변화를 수용하기 힘들다. 항상 입에 달고 다니던 농담도 자칫 잘못하면 성희롱이 되고, 악의 없는 친밀한 신체 접촉도 성추행이 된다며 당혹스러워한다.[28] 그러나 21세기 한국은 크게 달라졌다. 성 선택권은 여성들이 누릴 수 있는 최고의 자존감이자 특정 남자와의 관계가 끝나더라도 평생토록 유지할 수 있는 특권이다.[29]

성매매, 그리고 성차별

데이트 섹스가 금기시 된 곳에는 은밀한 성매매가 성행하기 마련이다. '성매매는 사회적 행복 총량을 늘리는 필요선'이다. 한 성매매 여성이 당당하게 선언한 적이 있다.[30]

대한민국은 탄생할 때부터 매춘을 법으로 금지했다. 일제강점기 시대의 공창은 폐지되었다. 그러나 현실은 변하지 않았다. 성매매는 일상이었고, 이른바 홍등가 없는 도시가 없었다. 성을 사는 남자는 처벌하지 않고 파는 여성만 처벌했다. 성매매 여성은 타락한 하층민으로 낙인이 찍혔다. 대중문화도 천편일률적으로 창녀를 인생의 막장에 내몰린 삼류인간으로 취급했다.

마침내 이들을 동정의 시선으로 바라보는 작품이 탄생한다. 최인호의 신문 연재소설로 시작하여 영화로 이어지며 흥행 신기록을 세운 《별들의 고향》이 대표적인 예다. 주인공 경아는 애인의 끈질긴 요구로 동침을 하지만 이내 버림받는다. 이미 금이 간 그녀는 몇몇 남자를 거치며 방황한 후 성매매 여성으로 전락하여 비참하게 죽는다. 소설은 철저한 남성 지배자 중심의 천박한 자본주의의 어두운 그늘을 조명한다. 여성은 겉치레만 번듯한 세상에서 뒷전으로 밀려난 순수하고 나약한 존재다.

조해일의 《겨울여자》는 또 다른 여성상을 제시한다. 양가집 처녀 이화는 기성세대의 눈으로 보면 '헤프게' 산다. 그녀는 이기심의 기반인 일부일처제, 결혼과 가족을 거부하고 자신의 재산과 노동력은 물론, 이에 더하여 성까지 원하는 사람에게 아낌없이 내준다. 이와 같은 이화의 보살행은 보시普施를 받은 사내들에게 자성과 깨달음의 계기가 된다. 젊은 대중은 기성세대가 주조해놓은 가족관이나 성 윤리관에 정면으로 도전한 것이다.[31] 이화의 독립선언으로부터 4반세기 후에 선보인 영화 〈대한민국 헌법 제1조〉는 성매매 여성의 인권선언이다.[32]

"대한민국은 민주공화국이다. 대한민국의 주권은 국민에게 있고, 모든 권력은 국민으로부터 나온다."(헌법 제1조)

"모든 인간은 태어날 때부터 자유로우며 누구에게나 동등한 존엄성과 권리가 있다."(세계인권 선언 제1조)

주인공 단비는 성매매 여성도 당당한 직업인임을 선언하고 나아가 대한민국 국민으로서 참정권을 주장한다. 도둑놈, 깡패, 사기꾼, 너 나 할 것 없이 국회의원이 되는 판에 성매매 여성이라고 못할 이유가 무엇인가? 그녀는 국회의원 선거에 나서 당당히 승리한다. 젊은 유권자들의 개안과 각성이 결정적인 요인이었다. 자유와 성은 동일한 가치다. 내 몸을 내가 자산으로 삼는 데 왜 국가가 간섭하는가? 이런 철학적 의문도 제기되고, 윤락녀는 강간 대상이 아니라는 법 집행자의 논리도 격파된다. 실로 시대가 바뀌었다는 것을 천명하는 작품이다.

2004년 3월, 성매매방지법이 시행되었다. 과거와는 달리 성을 사는 사람도 처벌한다. 적어도 법적 책임의 면에서는 성차별이 없어진 것이다.

또한 남자뿐만 아니라 여자도 성의 구매자가 될 수 있다. 적어도 법적 측면에서는 성차별이 없어진 것이다. 그러나 현실은 변함없다. 자본주의 체제 아래서는 성도 상품이다. 성노동이 상품으로 시장에 투입되면 언제나 사는 쪽이 주도하게 되고, '착취'가 일어난다. 사회적 관점에서 볼 때 성매매는 노동자의 절대다수인 여성을 차별하고 착취하는 악의 제도로 머무를 수밖에 없다. 그런 의미에서 성매매는 마지막까지 살아남을 남성지배 체제라고나 할까?

남자는 왜
여자의 순결에 집착할까?

육체적 순결이 과거처럼 중요하지 않게 되었다.

혼전 섹스가 증가했고, 젊은이들 사이의 관습은 애무에서 성교로 바뀌었다.

이제 여성의 가치가 성적 도덕과 결부되었다는 사실은 망각되었다.

목숨과도 같은 것

1970년대까지만 해도 신문에는 광복절과 삼일절에 '정조 삼팔선이 무너진다!', '망국병 퇴폐풍조, 여성의 풍기문란' 같은 특집 기사가 자주 실렸었다. 1975년 광복 30주년 특집 기사 제목은 '정조 삼팔선이 무너진다!'였다. 여성의 '정조 문제'는 호국의 표상이고, 성적 퇴폐나 문란은 망국적인 사회 위기의 대표적인 징후로 여겨졌다.

냉전시대 한국의 통치는 철저한 남성 윤리의 실험실이었다. 후일 여성학자들은 이런 현상을 일러 '거세된 남성성'으로 부르기도 한다. 무기력한 폭군이라는 이중성을 냉전형 남성주의는 국경일마다 의례적인 '여자 패기'를 반복했다. 이런 일은 2016년 광복절에도 어김없이 반복되었다. 박근혜 대통령이 광복절 경축사에서 '안중근 의사께서는 차디찬 하얼빈의 감옥에서 천국에 가서도 우리나라의 회복을 위해 힘쓸 것이라는 유언을 남기셨다'고 말했다. 안중근 의사는 하얼빈이 아니라 뤼순 감옥에서 순국했다. 이에 다음과 같은 여성학자 권명아의 흥미로운 비유에 공감하는 사람이 많았다.

"역사에 대한 무지를 드러낸 대통령의 축사에 대한 공분은 어린 여자가수에게로 전이되었다. 아이돌 가수 티파니가 광복절 하루 전에 멤버들과 함께 찍은 사진에 일장기에 '도쿄 재팬'이라는 문구가 적힌 사진을 SNS에 게시한 것이다. 대통령이라는 '거대 권력'에 맞서지 못하는 무기력과 좌절이 만만한 다른 내부자를 찾아 증오를 이전시킨 것이다."[33]

'목숨과도 같은 여성의 정조'는 20세기 중반까지 한국인의 보편적 신념이었다. 21세기 초에도 그 세대의 주도로 여자고등학교에 대대적인 '순결 운동'이 벌어지기도 했다. 1954년의 《자유부인》이 최초로 대중 논쟁을 부채질했다. 당시 일간신문에 연재된 정비석의 소설은 선풍적인 인기를 모은 초대박 상품이었다. 소설이 단행본으로 출간되자 사상 최대의 베스트셀러가 되었고, 세 차례나 영화로 제작되는 인기를 누렸다.

대학교수 부인이 학생과 춤바람이 나고 탈선 행각을 저지른다. 뒤질세라 남편도 다른 여성과 사랑에 빠진다. 그러나 결국 남편은 아내를 용서하고 자신도 외도를 멈추고 가정으로 되돌아온다는 내용이다. 소설 속에는 고급 공무원의 생활, 유한마담들의 생활과 윤리, 정치인과 학생들의 생활, 피난수도 부산 생활과 환도 후의 서울 생활 등이 담겨 있었다.

작품 연재 중 한 법학교수가 대학신문에 공개 비판문을 실었다. 요지인즉 대학교수가 제자에게 성적으로 끌리거나 교수 부인이 남편의 제자와 어울리는 내용이 대학교수를 모욕하고 왜곡한다는 것이었다. 또 성욕을 부추기는 소설은 결코 문학이 될 수 없으며, 민족문화의 권위를 모욕하는 '문화의 적이요, 문학의 파괴자요, 중공군 50만 명에 해당하는 적'이라는 극언을 담았다. 작가의 반박문, 교수의 재반박문에 이어 제3자가 논쟁에 참여하면서 한동안 세상에 큰 소동이 났다. 두말할 필요도 없이 문학을 법으로 읽은 경직된 법학자의 명백한 판정패였다.

다음은 윌리엄 셰익스피어의 명작《오셀로》의 한 장면이다. 여주인공 데스데모나와 하녀 에밀리아의 대화 장면으로, '만약 이 세상을 준다면 남편 아닌 사내와 잠자리를 나눌 것인가?'라는 데스데모나의 물음에 에밀리아가 솔직하게 답한다.

"세상은 넓은 것, 작은 악에 비하면 너무나 거대한 값이지요."

이어서 그녀는 자신의 입장을 부연 설명한다.

"벌건 대낮에야 못 하지요. 그러나 어둠 속에서야 어때요. 세상이 얼마나 넓은데요? 손톱만 한 일을 하고, 그렇게 큰 대가를 받는다면야 왜 안 해요? 무슨 흔적이라도 남나요? 하고 나서 시치미 딱 떼면 될 게 아니에요? 물론 쌍가락지 한 개라든가 명주 서너 자, 저고리, 모자 정도로는 바꿀 수 없지만 온 세상을 준다면 누군들 안 하겠어요? 남편의 출세를 위해서라면 내사 그걸 내주고 기꺼이 연옥이라도 가겠어요."

에밀리아는 여성의 순결은 어떤 경우에도 흠이 나서는 안 되는 절대적인 가치라는 관념을 부정하고, 데스데모나가 제시하는 조건을 차분하게 검토한다. 즉 객관적인 비교 형량을 통해 과도하게 계상된 정조 가치를 현실화시킨다. 그녀는 정조의 윤리적 가치보다는 사회적 효용을 직시한다. 그리고 정조라는 추상적인 가치에 대한 과도한 집착에 경종을 보낸다.

그렇다고 해서 그녀는 악인이 아니다. 성에 대한 유연한 자세를 가진 그녀는 남편 이아고와는 다른 아주 선량한 사람이다. 남편의 흉계를 알지 못하고 마지막까지 데스데모나의 정절을 섬기고 오셀로의 의심을 풀려고 애쓴다. 그러다 속은 오셀로의 손에 데스데모나가 죽자 노골적으로 '당신 탓'이라고 대든다. 그리고 소상하게 전말을 밝히고, 이아고의 칼을 맞고 죽는다. 에밀리아는 아내가 외도를 하게 되는 책임이 남편에게 있다고 주장한다. 행여 남편이 외도를 하면 아내도 맞바람으로 맞서야 한다는 주장을 편다.

"사내들이 우리를 제대로 대우하게 해. 그렇지 않으면 본때를 보여 줘야 해. 우리가 놀아나더라도 그건 자기들이 가르쳐준 것이야."

현대여성의 도덕 윤리 기준으로 볼 때 데스데모나보다 에밀리아가 정상이다. 어떤 사회든 여자의 순결을 소중하게 여긴다. 예를 들어 일본 전국시대에 성이 함락되면 전쟁에서 패하고 죽은 주군의 뒤를 따라 자결하는 부인의 이야기가 미담으로 전해진다.

그러나 실제로 그런 여자는 많지 않다. 대부분 자기 남편을 죽인 사내의 여자가 된다. 군대는 남자의 욕망이 만들어낸 환각의 세계다. 전장에서 죽는 것이 비참하지 않고 오히려 자랑스럽다는 착각을 만들어낸다.[34] 사내의 환각세계에 자신의 부속물인 여성도 함께 끌어들인 것이다.

남자가 성매매를 하는 이유

젊은 여자는 정신병자만 아니라면 거지가 없다는 말이 있다. 구걸하느니 당당하게 매춘으로 살 수 있다는 것이다. 여성의 성을 돈으로 사려는 사내는 지천으로 깔려 있다. 셰익스피어의 법률 희곡《자에는 자로》에는 매춘금지법이 얼마나 비현실적인 도덕적 이상이며 얼마나 무모하고 무익한 정치적 시도인지를 비판하는 장면이 나온다.

1603년, 스코틀랜드의 국왕 제임스가 잉글랜드의 국왕으로 등극한다. 취임 직후에 대대적인 사창 단속이 벌어진다. 마치 새로 국왕의 비위를 맞추려는 듯, 아니면 은근히 비꼴 의도였는지 모르지만 이듬해에 이 작품은 궁정에서 직접 상연되었다는 기록이 있다. 작품 속에서 사창가의 단골손님인 한 하층민 사내가 매춘을 전면적으로 금지하는 비상식적 법을 탄식한다. 그는 이 법이 결코 성공하지 못할 것이라고 확신한다.

"비엔나 시의 모든 사내의 불알을 까서 자빠뜨리자는 얘기입니까?"

그의 항의는 모든 사내들의 항변이기도 하다. 세속의 법은 결코 시장의 원리와 인간의 본능을 정복하지 못한다. 육체의 본능은 이성의 통제에 저항하고 거부한다. 자신의 몸을 팔려는 여성이 있고, 성적 본능을 제어하기 힘든 사내가 있는 한 매춘은 지구상에서 사라지지 않는다. 그 어떤 고결한 종교와 윤리적 이상을 내세워도, 그리고 아무리 엄한 처벌을 내려도 매춘을 근절할 수는 없다.

인간의 몸이 재화로 거래된 역사는 길다. 노예제도가 대표적 사례다. 젊은 여성의 몸에는 생명의 샘이 솟는다. 그 샘물에 몸을 담아 거듭 탄생하고자 하는 것이 사내의 염원이다.

《데카메론》을 다시 읽으며

역사상 가장 많은 나라에서 가장 오랜 기간 동안 금서로 낙인 찍혀 민중의 접근이 금지되었던 작품 중 하나가 보카치오의 《데카메론》이다. 이 작품은 모든 금서가 그러하듯이 역사상 가장 많이 읽힌 작품이기도 하다. 그만큼 《데카메론》은 시대의 제도적 윤리와 보편적 이성을 넘어선 인간의 적나라한 모습을 거리낌 없이 그리고 있다.

기독교와 남성의 지배 체제가 공고하던 시절에, 이 작품은 신의 이름으로 남성이 주도하는 권력구조로부터 인간과 여성을 해방시킨다는 주제를 관철시키고 있다. 이 작품은 여성해방의 수단으로 남성의

성행위의 단순한 객체가 아닌 당당한 독립적 주체로서의 여성의 이미지를 부각시킨다.[35]

작품 전체에 사랑과 애욕의 문제가 다루어지고 있는데 대체로 사랑에 빠져 일을 저지른 여성에게 유리하게 결말이 난다. 수많은 여성 주도의 일화 중에 단연 압권은 '제6일 제7화'인 필리파 부인의 이야기다.

절세미인인 젊은 귀족부인 필리파가 간통 현장을 남편에게 발각 당한다. 법에 의하면 사형감이다. 그러나 필리파 부인은 당당하게 자신이 간통한 사실을 인정한다. 그녀의 항변은 보다 근본적인 주장, 즉 이렇듯 여성을 속박하는 법은 남성이 자의적으로 제정한 악법이라는 것이다. 다시 말해서 정작 이 법의 처벌 대상이 될 여성의 동의 없이 제정된 것이므로 원천적으로 무효라는 것이다.

필리파 부인의 당당한 주장은 여기에 그치지 않는다. 만약 아내에게 남편의 성적 욕구를 충족시켜줄 의무가 있다면, 자신은 결코 이 의무를 소홀히 한 적이 없었다는 것이다. 다시 말하자면 한 번도 남편의 성적 요구를 거절한 일이 없고, 오로지 그런 일을 다 하고도 힘이 남아 애인에게 몸을 베풀었을 뿐이라는 것이다.

남편이 자기의 필요에 의해 아내를 쾌락의 도구로 삼는다면 아내도 마찬가지의 권리가 있고, 남편이 이를 충족시켜주지 못할 경우에는 '개에게 던져주느니보다' 다른 사내를 택하는 것이 개인적 차원에서뿐만 아니라 사회 전체의 효용의 관점에서도 더욱 합당하다는 주장이다.

놀랍게도 판사는 이러한 주장을 받아들여 필리파 여인을 석방한다.

'파는 사랑'만이 범죄가 될 뿐, '베푸는 사랑'은 죄가 아니라는 판결이다. 어깻죽지가 처진 남편을 곁눈질해가면서 아내는 의기양양하게 집으로 돌아간다. '여성의 경전'인 《데카메론》에는 이 밖에도 남자의 기를 죽이는 구절이 많다. 열 명의 수녀들에게 성적으로 혹사당한 사내의 변이 처절하다.

"암탉 열 마리에는 수탉 한 마리로도 충분하지만, 사람은 달라요. 열 남자가 한 여자를 만족시키기 힘들거든요. 전 지금 아홉이거든요. 정말이지 더 이상 못하겠어요. 이젠 지푸라기 하나도 들 힘도 없어요."

늙은 여성의 항변도 직설적이다.

"우리가 늙으면 아무도 거들떠보지 않지. 부엌에 몰아넣고 고양이랑 수다나 떨라고 하지. 심지어 이런 노래까지 부르지 않나. '젊은 여자들에게는 맛있는 음식을 주고 할망구들에게는 입마개를 물려라.'"

이런 대목을 읽다 보면, 흡사 원로 시인 문정희와 임보의 〈치마〉와 〈팬티〉의 대구對句를 연상시킨다.

그 은밀한 곳에서 일어나는
흥망의 비밀이 궁금하여
남자들은 신전 주위를 맴도는 관광객이다.
-문정희, 〈치마〉

참배객이 끊긴, 닫힌 신전의 문은 얼마나 적막한가?

그 깊고도 오묘한 문을 여는

신비의 열쇠를 남자들이 지녔다는 것이

얼마나 다행스러운 일인가!

- 임보, 〈팬티 - 문정희의 치마를 읽다가〉

릴리스의 반란

유대인 역사인 '구약'에 의하면, 신은 아담을 창조할 때와 똑같은 방법으로 릴리스Lilith를 창조했다. 그 둘은 평화롭게 살 수가 없었다. 릴리스는 아담에게 복종하지 않았다. 둘 다 흙으로 빚은 동등한 존재라는 주장도 내세웠다. 성행위를 할 때도 릴리스는 아담의 아래 눕는 것을 거부하고 적극적으로 '위에 올라가기'를 원했다. 불안한 아담은 화를 내며 릴리스를 구박했고, 참다못한 릴리스는 낙원을 도망친다. 그리하여 릴리스는 관능적인 여인의 화신이 되었고, 나중에는 창녀들의 수호신이자 자위행위를 하는 악녀, 금지된 쾌락으로 유혹하는 탕녀의 상징이 되었다. 정신의학자 칼 융의 심리학에서도 릴리스는 남성에게 억압된 여성의 성적 욕망을 뜻하는 '아니마anima'로 해석된다.[36]

탈무드 학자들의 전형적인 강론에도 릴리스는 긴 머리카락에 가슴을 절반이나 내놓고 남자를 유혹하고 아이들을 위협하는 요부로 나온다. 괴테의 《파우스트》에도 릴리스에 관한 언급이 나온다. 마녀의 무도 회장인 브로켄 산에서 마법이 일어나는 동안 파우스트 박사가 묻는다.

"도대체 저 사람은 누군가?"

메피스토가 대답한다.

"릴리스지요. 아담의 첫 번째 아내 말이오. 그녀의 아름다운 머리카락을 조심해야 하오. 그녀가 입고 있는 옷도 조심하시오. 만일 그녀가 저 옷으로 젊은 남자를 유혹하면 절대 놓아주는 법이 없거든요."

아담에게 복종하지 않고 신으로부터 도망친 릴리스는 벌을 받는다. 그 벌이란 다름이 아니라 죽을 운명을 타고난 아이를 낳고, 살아 있는 동안 남자를 유혹하는 음탕한 여자이자 끔찍한 유아 살해범으로 낙인찍히고 사람들이 거주하지 않는 외진 곳에 처박혀 살아야 한다는 것이다.

마틴 루터가 번역한 성서는 히브리어 원전에 의거하지 않았다. 히브리어 성경의 원전에는 이브가 두 번째로 만든 여자라는 문구가 나온다. 아담이 이렇게 말한다.

"내 다리로 네 다리를 만들었노라."

루터의 성서에는 이 구절이 없다. 〈창세기〉 2장 23절에 다음과 같은 구절이 나온다.

"아담이 말하기를, 이번에는 처음과 달리 네 다리는 내 다리로 만들었고, 살은 내 살로 만들었다. 남자의 몸에서 만들었기에 여자(독일어 단어로는 mannin)로 부르게 될 것이다."[37]

구약성서 〈이사야〉 34장 14절에도 '밤의 요괴인 그녀는 들짐승이 이리들을 만나며 수컷 염소가 서로를 부르며 올빼미가 서식하는 곳을 거처로 삼아'라는 표현으로 릴리스가 간접적으로 언급되어 있다.

릴리스가 도주한 뒤 아담이 외로움을 호소하자 불쌍히 여긴 신이 그의 갈비뼈로 이브를 만들어주면서 '릴리스 금기'를 조건으로 단다. 여성은 남성에 종속되고, 성적으로 적극적이어서는 안 되며 아이 또한 거부해서도 안 된다. 결과적으로 여자는 권력, 쾌락, 자유가 거부되는 대신 복종, 정절, 배려가 미덕으로 강요되었다.

오늘날 오랜 세월 동안 기독교문화에서 추방되었던 릴리스가 서서히 돌아오고 있다. 그녀의 귀환 허가는 격렬한 투쟁의 산물이다. 돌아온 릴리스들은 성적 매력을 꽃피우고 성 평등 운동의 선봉에 나서고 있다. 때로는 직장에서 성공한 여성은 기꺼이 아이를 갖지 않는 선택을 한다.

그러나 그렇다고 해서 릴리스가 이브를 완전히 퇴치한 것은 아니다. 대부분의 여자들은 릴리스와 이브의 공존을 갈망한다. 그리고 남자들도 그 정도는 받아들여만 한다는 것을 알게 되었다. 그리하여 남녀의 차이를 인정하면서도 서로 동등하다는 의식을 가지려 애쓴다. 여성도 적극적으로 성적 즐거움을 찾는 능력을 개발하고 맹목적인 어머니 되기를 거부한다. 《릴리스 콤플렉스Lilith Komplex》라는 책에서, 한스 요하임 마츠는 이렇게 덧붙인다.

"어머니로서의 자신감 부족과 불가피하게 아이를 기피하는 성향은 쓰라린 경험이며, 성적 쾌락을 스스로 책임지는 일 또한 어려운 일이다. 그러므로 릴리스 콤플렉스를 극복하려면 용감한 자아인식이 필요하다. 이런 노력을 통해 이브와 릴리스를 통합한 여성은 모성애의 한계를 극복하게 된다."

작가 이병주는 《샘: 여체미학》이라는 책에서 이렇게 썼다.

"현대가 시작될 무렵만 해도 여체는 가려진 것으로, 가려야 하는 것이었다. 여체를 보려면 밀실로 가야만 했다. 그러나 오늘은 다르다. 여체 스스로 '예술품'임을 주장하고 나섰다. 옛날에는 가리기 위해 입었던 옷을 지금은 노출하기 위해 입는다는 자각으로 바뀌었다. 옛날에는 남자의 눈을 피하기 위해 움츠려야만 했던 여체가 지금은 남자의 눈을 끌기 위해 가꾸어지고 있다. 음화陰化식물은 음지에 있기 때문에 음화적 꽃모양, 꽃빛을 할 수밖에 없다. 여체가 아름답다는 것은 식물의 향일성向日性을 예를 들어 쉽게 납득할 수 있는 일이다."

당대의 보편적 윤리관에 덜 구속되어 살았던 이병주의 여체 미학이다. 자신의 욕망을 적극적으로 표현하는 후세 여성에게는 유혹은 소중한 삶의 자산이다.

"유혹이 있어 우리의 삶이 아름답고 윤택해진다."

여자가 상대를 유혹하면 불경스럽고 불행한 결과가 초래된다며 죄를 뒤집어씌우는 시대는 이미 막을 내렸다. 선진사회란 유혹에 기초를 둔 사회이며 서로를 유혹하여 자신을 증명해 보이는 사회다.[38] 육체는 상대의 유혹을 이끌어내는 데 결정적인 여자의 무기임이 분명하다.

그놈들의 섹스는 잘못되었다

여성용 섹스토이 숍을 운영하면서 '섹스 칼럼니스트'로 활동하는 은하선은 21세기 한국사회에 정착하기를 갈망하는 릴리스의 후예다. 앞선 세대는 물론 동년배 남자들도 부담스러울 정도로 그녀는 당당하다. '그놈들의 섹스는 잘못되었다'며 한국 남성들의 찌질함에 강편치를 날린다.

"한번 즐겨볼까 엉덩이를 들썩이니 '놀아본 여자' 취급, 가만히 있자니 '목석같은 여자' 취급, 주변엔 온통 '남자 기죽이지 말고 살살 달래가며 적당히 연기하라'라는 이야기뿐! 언제까지 '그놈'들의 눈치를 보며 섹스를 할 텐가? 이타적 섹스를 멈추고 나를 위한 이기적 섹스를 시작하자!"

은하선의 선동적 구호들의 실체는 다름 아닌 자율적인 성적 주체로서의 여성의 존재를 인정받고자 하는, 자유사회에서 지극히 당연한 인간선언이자 인권선언이다. 그녀는 《이기적인 섹스》에서 이렇게 말한다.

"나는 자신의 섹스 욕망에 충실한 여성이 21세기 신여성인 것처럼 추앙받는 것도, 서른이 넘도록 섹스 경험이 없는 여성이 뒤처진 것처럼 조롱거리가 되는 것도 원하지 않는다. 그건 남자들이 만들어놓은 잣대다. 분명 세상은 변하고 있고 여자들도 달라지고 있다. 밖으로 나오는 여자들이 더 많아질 것이다. 그러니 부디 틀을 깨고 나오는 것을 너무 두려워하지 말기를. 이미 밖으로 나온 여자들이 반갑게 손을 내밀어줄 테니."

우리 사회에도 은하선과 같은 현대판 릴리스들이 양산되고 있다. 굳이 바람직한 현상이라고 찬양할 바는 못 되더라도 그렇다고 크게 눈살 찌푸릴 일도 아니다. 여성의 성적 자각과 자율적 행동을 주장하는 것은 양성평등의 철학과 이념에서 비추어 볼 때 당연한 일이다. 서울 시내 한 대학의 남학생 단체 카톡방에서 동료 여학생들을 두고 벌인 성적 잡담이 공개되어 물의를 일으켰다. 남성 내부자가 정보를 제공했거나 흘렸을 것이다.

"동료 여학생은 몸만 가진 존재, 성욕의 대상으로 단순화되어 있다."

여성 네티즌들의 강한 비판이 일었다. 각 대학의 남학생 단체 카톡방에 비상이 걸렸다. 그러나 신세대 남자는 구세대와는 달라야 한다는 데 모두가 동의한다.

여성학자 권인숙은 20대 여성의 성행위를 사회의 일상적 현상으로 받아들여야 한다는 주장을 폈다. 20대는 물론 대부분의 대학생을 포함한다. 여성도 적어도 30대는 되어야 성욕을 드러내는 것이 마지못해 용인되는 외형을 갖추는 세태다.

그러나 20대 여성도 사회와 가족의 기대와 무관하게 많은 성적 활동을 하고 결정을 내린다. 20대 여성을 위한 피임약 광고는 그 현실성을 반영한다. 섹스, 피임, 낙태, 출산은 이들의 삶에 함께 하는 주제들이다. 20대 여성의 높은 낙태율, 해외 입양, 동성애 다음으로 차별받는 미혼모라는 현실 한가운데에 우리 사회가 놓여 있다. 20대 딸의 핸드백에서 콘돔을 발견할 때, 부모는 어떤 반응을 보일 것인가? 아들의 경우처럼 대범하게 넘길 수 있을 것인가?[39]

이제 육체적 순결은 과거처럼 중요하지 않게 되었다. 혼전 섹스가 증가했고, 젊은이 사이의 관습은 애무에서 성교로 바뀌었다. 여성의 가치가 성적 도덕과 결부되었다는 사실은 망각되었다. 성 혁명은 남녀가 결혼제도와 무관하게 성적으로 애정을 표현할 권리를 의미하고, 여성의 가치를 정조와 동일시하는 태도를 버리는 데서 출발한다.[40]

그러나 성 혁명은 술집에서 처음 만난 사람과 섹스를 하고, 다음날은 책임감 없이 헤어질 권리를 말하는 게 아니다. 건강한 남녀가 연애할 때는 섹스가 수반되는 것은 자연스러운 현상이다. 각자가 자신의 행동에 대해 책임지고, 결과에 대해서는 함께 책임을 지는 것이다.

그러나 준비 없는 섹스는 부작용이 적지 않다. 다급한 순간에 닥쳐올 뒷일을 생각하기 싫은 것이 남자들의 생리다. 남자의 태만으로 인해 여성의 부담은 가중된다. 서로 합의한 결과는 물론 둘 중 한 사람의 과실도, 아니면 누구의 잘못도 아닌 단순한 불운조차도 모두 여성의 부담으로 남는다.

임신은 여성의 축복이다. 하늘이 여성에게 내린 가장 큰 축복이 어머니가 될 기회를 부여한 것이다. 그러나 임신과 출산은 남녀의 합의에 의해, 그리고 여성의 자발적인 선택에 따라 이루어지는 경우라야만 비로소 축복이 될 수 있다.

남자에겐
감출 수 없는 본능이 있다

아무도 없는 황량한 산에서 조그만 암굴에 갇혀

어릴 적부터 아버지 외에는 아무도 접하지 못한 채 성장한 청년도

여자를 보면 이내 강렬한 욕구와 함께 호기심과 애정을 생각한다.

에로티시즘이라는 영원한 숙제

선사시대 인간이 남긴 그림이나 조각에서 흔히 목격되는 열정은 전형적으로 에로티시즘이다. 프랑스의 라스코 동굴 벽화에서 보듯이 발기된 남성 성기나 프랑스의 한 동굴 속에 새겨진 〈로셀의 비너스Venus of Laussel〉라는 조각상처럼 여성의 젖가슴이나 삼각주를 강조한 형상들을 통해 에로틱한 욕망을 표현했다. 심지어 성적 결합에 몰두하고 있는 남녀가 새겨져 있는 것도 있다.[41]

"성욕과 허영심은 인간 행동의 원동력이다."

영국 경험론 철학의 아버지라 불리는 데이비드 흄의 말이다. 물론 남자를 염두에 둔 경구임이 분명하다.

《인생학교》에서 알랭 드 보통의 진단은 이렇다.

"섹스에 대해서 정상적인 사람은 거의 없다. 우리는 전반적으로 비정상적인 사람들이다."

김형경은 《남자를 위하여》에서 이렇게 썼다.

"섹스는 남자들이 모든 감정과 욕구를 해결하는 단 하나의 창구다. 그들은 섹스를 함으로써 안정감, 이해받는 느낌, 편안함을 느낀다. 남자는 불안하고 우울할 때뿐만 아니라 외로울 때, 파트너와 화해하고자 할 때, 여자가 요구하는 친밀한 감정에 적절히 대응할 수 없을 때, 미안하다고 말하는 대신에 섹스를 한다. 섹스에 이렇듯 다양한 의미를 담아두었기 때문에 남자들에게는 성적 욕구를 해결하는 것이 절박하다. 가끔 남자도 자신의 '성 기관'을 불편해한다. '불수의근(不隨意筋: 자기 뜻대로 할 수 없는 근육)'이라는 책임회피성 이름을 붙이고, 그것이 본인의 의지와는 상관없이 움직인다고 한다. 그들은 감정 표출을 두려워하면서 억압하는 것과 마찬가지로 성욕도 주체적으로 통제할 수 없다며 두려워한다."

남자가 여자에게 매력을 느끼는 것은 어차피 그 여자를 안아보고 싶은 욕망이 들 때다. 머릿속에 든 것이나 용모도 이런 종류의 욕망을 보강하는 정도에 지나지 않는다. 인텔리 남자가 섹시하지 않은 것은 이런 보강용 자질에 지나친 비중을 두기 때문이다.[42]

섹스를 통해 얻는 쾌감은 다른 사람에게서 자신의 존재를 발견하는 과정, 그리고 행복한 삶의 요소를 인정하고 받아들이는 과정과도 연관되어 있다. 오르가즘은 고독과 소외가 극복되는 짧은 순간에 최고조에 이른다. 그러나 섹스의 아쉬움 중 하나는 아주 길게 할 수 없다는 것이다. 극단적인 경우라도 가톨릭 미사 시간 정도다. 관계가 끝나기가 무

고 협력과 평화, 자연과 상생의 농업적인 문화의 시대를 넘어야 한다. 이것이 우리가 노자의 페미니즘을 다시 음미하는 이유다."

여성을 존중하지 않으면 남성이 번성할 수 없고 세상의 평화가 이루어질 수 없다. 남자의 성행위는 궁극적으로 골짜기의 신을 찾는 구도의 길이기도 하다.

남자는 왜 작은 유혹에도 쉽게 넘어갈까?

"아무도 없는 황량한 산에서 조그만 암굴에 갇혀 어릴 적부터 아버지 외에는 아무도 접하지 못한 채 성장한 청년도 여자를 보면 이내 강렬한 욕구와 함께 호기심과 애정을 생각합니다. 하늘이 만드신 내 육체는 여러분의 눈빛에서 나오는 힘과 싱그러운 말들의 울림, 그리고 가련한 한숨에서 타오르는 불꽃을 느끼도록 되어 있습니다."

《데카메론》에 나오는 한 구절이다.

김삿갓은 〈어느 여인에게 주는 시贈某女〉에서 이렇게 읊었다.

인간의 성정은 필히 정을 맺게 되는 이치니
오늘 밤 그대 몸 풀기를 애석해하지 말라.

남녀가 몸으로 만나는 것은 지극히 자연스러운 섭리다. 이를 제약하는 윤리와 도덕이 오히려 부자연스러운 것이다. 《맹자》에는 이런 글이 나온다.

"옆집 담을 넘어 그 집 처녀를 강제로 덮치면 아내를 얻고, 담을 넘어 처녀를 덮치지 않으면 아내를 얻지 못한다면 당신은 담을 넘어 덮치겠는가 하고 물어보아라."

남자의 성욕은 본능이다. 그러나 그 본능을 다스려 적재적소에 활용할 수 있는 남자라야만 자신과 세상을 함께 다스릴 수 있다. 진화심리학적으로 보면 남자는 여자의 유혹에 약하게 진화되어왔다. 여자는 생존을 보장해주는 한 남자와 안정된 관계 속에 자녀를 양육하는 데 관심이 쏠려 있지만, 남자는 되도록 많은 정자를 많은 곳에 뿌리는 일에 관심을 둔다. 난교는 남자의 생래적 특징이다.

여자는 일생 동안 300개 정도의 난자만을 생산할 뿐이다. 그런 까닭에 소중하게 아껴두었다가 되도록 비싼 값에 교환하고 싶어 한다. 반면에 남자의 정자 수는 무한정이다. 종종 '남자는 뇌에 생식기가 달렸다'는 농담을 한다. 이 말은 넓게 보면 생물학적으로 진리에 가깝다.

그러니까 남자는 여자의 작은 유혹에도 쉽게 넘어가도록 신체적으로, 그리고 정서적으로 진화되어 왔다. 실제로 남자는 여자가 조금만 친절하게 대해줘도 자기를 좋아한다고 착각한다. 진화생물학에 따르면, 우리가 누군가에 성적으로 끌리는 것은 상대에게서 후손을 보존하는 데 중요한 자질을 발견했기 때문이라고 한다. 그러나 이런 주장은 섹스의 존재 이유를 잘 설명하지만 특정한 사람과 섹스를 하고 싶어지는 의식적 동기에 대해서는 납득할 만한 실마리를 제시하지 못한다.[46]

또한 진화생물학은 우리가 아름다움에 끌리는 이유는 아름다움은 곧바로 건강을 보장하기 때문이라고 한다. '아름답다'는 말의 본질에는 강한 면역체계와 넘치는 스태미나의 소유자인 건강한 사람이라는 의미가 내포되어 있다. 구체적으로 아름다운(건강한) 얼굴의 기준도 제시한다. 상대의 생김새, 얼굴 표정, 태도 등에서 '행복의 약속'을 발견한다는 것이다.[47] 패션도 흔히 생물학적 건강상태를 부각시켜주는 특정 신호에 초점을 맞춘다. 여자의 다리, 엉덩이, 가슴이나 남자의 어깨를 강조하거나 과장하는 패션일수록 더욱 그렇다.[48]

몽정과 자위

사춘기 청소년에게 몽정은 아무런 예비지식 없이 나타난다. 여자의 생리와 같은 현상이다. 그것은 이제 생식 능력이 갖추어졌다는 몸의 신호로, 실제로 성행위가 가능하다는 몸과 마음의 징표다. 어른이 되어서도 더러 몽정을 한다. 이는 감금되어 있던 성적 본능이 탈출을 감행하는 것이다. 그리되면 뒷맛이 매우 좋지 않다. 한 시인은 몽정 후의 남자의 절망적인 불쾌감을 이렇게 읊었다.

"꿈에 사랑을 하면 깨어나서 죽고 싶어라!"

사내아이에게 몽정 다음 단계의 성적 행위는 자위다. 어느 나라에서나 청년의 90%가 자위의 경험이 있다는 통계가 있다. 무의식 속에 일어난 몽정이나 의식적 행위인 자위나 부자연스러운 성욕의 배출임에는 별반 차이가 없다. 사건 후에 느끼는 허탈감이나 행위 후의 죄책감 또한 가볍지 않다.

과거에는 청소년의 자위행위가 초래할 위험을 경고하는 경구들이 많았다. 미국도 마찬가지였다. 20세기 초 윌리엄 더글라스 목사의 아내는 사춘기 아들들에게 만약 자위를 하게 되면 뇌가 녹아내려 악마의 유혹을 견딜 수 없을 것이라며 으름장을 놓았다.[49] 이는 전혀 근거 없는 허무맹랑한 소리만은 아니라고 한다.

한의학에서는 남녀를 합하여 '정혈精血'이라 부른다. 남자의 정은 넘치면 사출하고, 여자의 난자는 수정을 못하면 피가 되어 체외로 배출된다. 남자의 몸이 완전히 성숙하기 이전에 정을 낭비하면 인생에 재앙이 닥친다.[50] '조색산정早色散精'이란 말이 있다. 너무 이른 나이에 색에 탐닉하면 정기가 흐트러진다는 뜻이다. 역대 국왕들 중에 어린 나이에 색을 밝혀 정사를 그르친 예가 무수하다. 어린 국왕을 그렇게 만든 권신들의 농간도 있었다.

그렇게 금기시하던 자위가 언제부턴가 공인 내지는 묵인되었다. 적당한 횟수의 자위는 정상적인 청년의 일상으로 받아들여지고, 심지어는 '몽정 대신 자위로'라는 청소년의 성교육 슬로건이 탄생할 지경이다. 남자의 성욕은 부분적으로 자존감과 능력의 문제다. 뇌와 몸이 마치 누군가와 잠자리를 나누면 가치 있는 사람이 된다고 말하는 것처럼 느낀다. 이런 생각은 청소년뿐만 아니라 많은 중년 남자에게도 공유된다. 남자는 여자보다 4배 이상 성적 판타지에 탐닉한다고 한다.

남자가 자위행위에 사용하는 판타지는 실제 섹스의 예행연습이다. 만약 여성이 남자의 성적 판타지를 경멸하면 난관에 봉착할 것이다. 성적 판타지를 가진 남자는 대부분 정상적인 남자다. 따라서 오래 사귄 여성이 남자친구의 성적 실험을 경멸하며 완강하게 거부하면 헤어지게 될 가능성이 높다.

남자의 성적 판타지가 여자를 곤란하게 만들 듯이 여자의 로맨스에 대한 환상도 남자를 당혹스럽게 만든다. 행복한 연애를 위해서는 관심의 말, 행동, 선물 등 끝없는 애정의 표현을 기대한다. 가령 남자가 전립선암에 걸려 발기 장애로 섹스를 못하게 되면 그 절망감이 남자의 자존심에 미치는 영향이 엄청나다. 고환과 뇌 사이에 연결고리가 끊어지는 것이다.[51]

역사는 남자들이 여성의 몸을 자신의 소유물로 간주했음을 말해주고 있다. 여자의 유방이 대표적인 표적물이다. 남성에게는 여성의 유방은 제2의 성기이기도 하다.《유방의 역사A History of the Breast》를 쓴 메릴린 옐롬Marilyn Yalom은 이렇게 말한다.

"서구의 역사에서 여성의 유방은 남성에 의해 지배되었다. 그 지배력이 남편이나 애인에 의해 지배되었거나, 아니면 국가나 의학 같은 남성지배적 제도에 의해 집단적으로 행사되었다. 유방은 여성 자신의 것이 아니었다. 보는 사람의 눈에 따라 각양각색으로 나타난다. 아기들은 유방에서 음식을, 사내는 섹스를, 의사는 병을, 사업가는 달러 기호를 본다. 정치가들은 국가주의적 목적을 위해 유방을 이용하고, 종교 당국은 종교적 상징으로 변화시킨다. 정신분석학자들은 마치 유방이 변치 않는 단일체인 양 무의식세계의 중심에 놓는다."

여자들이 절대 결혼하기를 기피하는 사람은 어머니 젖가슴을 떠나지 못한 '마마보이'다. 1972년에 〈강간Rape〉이라는 도발적인 제목의 시를 발표한 에이드리언 리치Adrienne Rich는 〈사십대에 죽은 여자〉에서 암세포에 잃어버린 여성의 유방에 경의를 표했다.

긁어낸 당신의 유방에 손가락을 대고 싶다
당신의 유방이 있던 그 자리에

1973년 미국 연방대법원은 낙태는 여성의 프라이버시권, 즉 자율적인 선택권에 속한다는 판결을 내렸다.[52] 이는 실로 경천동지할 세상의 변화를 법의 이름으로 선포한 것으로 여성의 유방도, 골짜기의 삼각주도, 그리고 심지어는 뱃속의 아기까지도 사내와는 무관한 오로지 여성 자신의 소유물임을 선언한 판결이다.

로맨틱이냐, 에로틱이냐

"우리는 사랑도 믿고 일도 믿지만 사랑을 위한 일의 가치는 믿지 않는다."

알랭 드 보통의 소설 《사랑의 기초The Foundation of Love》의 첫 문장이다. 현대인은 거리낌 없이 비키니를 입게 되었고, 남녀 불문하고 자위행위도 인정하게 되었다. 젊은 세대는 쿤닐링구스(cunnilingus: 남자의 오럴섹스)와 같은 말도 스스럼없이 꺼내고 포르노영화도 본다.

이전 세대가 섹스를 앞두고 혼란과 자책감을 느꼈다면, 새 세대는 오히려 기대감과 자신감으로 임할 수 있게 되었다. 현대인은 섹스가 기분을 좋게 만들고 신체적으로 활력을 주는 유익한 유희로 인식하게 되었다. 말하자면 현대인의 삶에서 유발되는 과도한 스트레스를 풀기 위해 '가능한 한 자주 해야 하는 것'으로 생각하게 된 것이다.[53]

섹스가 이성적 자아를 압도하는 순간, 사람들은 저마다 꿈꿔온 성적 판타지에 빠지기도 한다. 섹스는 고통스러운 이분법, 즉 우리 모두가 유년기 이후에 익숙해지는 '불결함'과 '순수함'의 이분법에서 잠시 벗어나게 해준다. 섹스는 또 우리의 자아 중에 가장 명백하게 더럽혀진 측면을 그 과정에 끌어들이고, 그럼으로써 그 불결한 측면을 가치 있는 것으로 거듭나게 해주며, 결국 우리의 자아를 정화시켜준다.

우리 몸에서 가장 공개적인 부분인 얼굴을 연인의 가장 은밀하고 '불결한' 부분에 대고 열정으로 애무하면서 상징적으로 연인의 자아 전체를 받아들일 때 비로소 정화의 순간을 맛보는 것이다. 가톨릭 사제가 죄를 참회하는 고해자의 머리에 순결한 입맞춤을 해줌으로써 그를 교회의 품 안으로 받아들이는 것처럼.[54]

정욕과 낭만이 녹아든 최고의 섹스를 즐기고 난 후 여자의 머리카락을 쓰다듬으면서 전쟁을 하리라 마음먹는 사내가 있을까?[55] 사랑과 섹스는 누구나 자유롭게 느낄 수 있는 욕망이며 동등한 가치와 자격을 갖는다. 그러므로 사랑이든 섹스는 상대에게 욕망을 갈구하기 위해 거짓을 꾸며서는 안 된다.

"로맨틱과 에로틱에게 동등한 지위를 인정해야 한다. 섹스에 대한 욕망과 사랑에 대한 욕망이 평등한 지위를 갖도록 도덕적 허식을 벗어던져야 한다."

무라카미 류가 《자살보다 섹스》에서 했던 이 말은 21세기를 사는 모든 사람들이 경청할 필요가 있는 잠언이다.

섹스만이 우리 삶의 전부가 아니다

신앙인이든 무신론자든 성에 대한 종교의 경고는 경청할 필요가 있다. 원래 이슬람이 여성의 옷차림을 극도로 규제한 것은 남자에게 성적 자극을 가함으로써 알라에 집중하지 못할 위험을 막기 위해서였다. 초기 이슬람 세계에서는 결혼한 여자의 발목에 '쿨칼'이라는 족령

足枷을 달았다. 코란에는 여자가 걸을 때 '두 발이 부딪치는 소리를 내지 말라'는 경구가 담겨 있다.[56] 남자의 성욕을 자극할 위험을 차단한 예언자의 의도라고 한다.

종교가 성을 경계하는 것은 욕망의 악마적 요소를 감지했기 때문이다. 종교적 이유만이 아니다. 우리 자신을 위해서도 성적 충동을 어느 정도 억제할 수 있어야만 한다. 섹스 말고도 해야 할 일이 많다. 자아의 개발, 후세의 양육, 사회적 기여 등등 한 인간으로 세상에 태어나서 의미 있는 삶을 충족시킬 수많은 일들이 있다.[57] 뿐만 아니라 아직 섹스 능력이 개발되지 않은 어린이도, 능력을 잃어버린 노인도 영적으로 충만한 삶을 영위할 권리가 있다.

현대인에게는 새로운 형태의 포르노가 필요하다. 여태까지의 포르노가 논리라고는 털끝만큼도 없는 황당한 대사에 판에 박힌 캐릭터와 동물적 행위 장면으로 채워졌다면 미래의 포르노는 지성, 친절, 격조 높은 이미지와 시나리오로 꾸며져야 한다.

이를테면 보티첼리Sandro Botticelli의 그림 〈성모 마리아〉를 보면서 성적 판타지를 함께 키울 수도 있을 것이다. 이 그림은 성욕과 그 이상의 고양된 가치 사이에 선택을 강요하지 않고, 여전히 미의식과 윤리의식이 깨어 있는 상태에서 육체적 충동에 자신을 내맡기게 해준다. 한마디로 섹스와 미덕 사이에 가교가 되어준다. 그렇게 되면 우리는 더 이상 고매한 인간이 되느냐, 아니면 섹스만 밝히는 동물적인 존재가 되느냐의 고통스러운 선택에 고민할 필요가 없게 될 것이다.[58]

성소수자,
다름과 틀림에 관한 이야기

다행스럽게도 인류는 개명의 길을 걷고 있다.

그 개명은 사람이 제각기 다르다는 것을 인정하고,

그 다름이 결코 오염된 징표가 아니라는 이해와 확신을 공유함으로써

이루어지는 것이다.

어느 특별한 결혼식

세계인권의 담론에 'LGBT'라는 특별한 개념과 유형이 있다. '성소수자'들을 일컫는 말로 레즈비언Lesbian, 게이Gay, 양성애자Bi-Sexual, 성전환자Trans-gender를 합친 말이다. 성소수자 문제는 유엔 인권이사회가 다루는 중요한 인권 문제의 하나가 되었다. 특히 유럽연합은 이 문제를 회원국에서 정착되어야 할 모든 인권 문제 중에 최우선 의제로 본다.

2016년 8월 차잉원蔡英文 타이완 총통은 성전환으로 여성이 된 35세의 탕펑唐鳳을 장관급 정무위원으로 임명했다. 정규 교육으로는 중학교도 못 마친 그는 젊은이들 사이에 인기와 명성이 높은 '디지털 천재' 스타다. 청년 세대의 절대적 지지에 힘입어 8년 만에 정권을 되찾은 진보 성향의 민진당民進黨 정부가 트랜스젠더 젊은이를 중용하는 것은 그다지 놀라운 일이 아니었다.

2015년 6월 26일, 미국 연방대법원은 동성 간의 결혼이 헌법에 합치된다고 선언했다. 혼인은 '남자'와 '여자' 사이만이 아니라 '사람'과 '사람' 사이에 성립한다는 실로 획기적인 판결이다. 앤서니 케네디 Anthony M. Kennedy 판사가 쓴 판결문은 이렇다.

"결혼은 사랑과 믿음, 헌신으로 다져진 최고의 사회질서의 근간이다. 그 결혼에 차별이 있을 수 없다. 그들의 바람은 문명의 가장 오래된 제도(결혼)로부터 배제된 외로운 삶으로 추방되지 않도록 해달라는 것이다. 이들은 법 앞의 평등한 존엄을 구하고 있다. 헌법은 이들에게 그러한 권리를 부여한다."[59]

이 판결로 인해 결혼의 의미가 본질적으로 달라졌다. 이제 많은 미국인들은 '동성결혼same-sex marriage'이라는 어색한 표현 대신에 '평등결혼marriage equality'이라는 새로운 어휘를 선호하게 되었다. 동성 간의 결혼에는 과거처럼 남녀 간의 위계의 전통이 깔려 있지 않다. 새 시대의 도래를 선언한 판결에 반색한 오바마 대통령은 승리한 당사자에게 축하 전화를 걸어 개인의 자유와 자율을 찬미하는 미국 땅에 관용과 공존의 새 시대의 열린 징표라고 말했다.

전통적으로 미국은 유럽에 비해 동성애에 대한 적대감이 강했다. 1970년대까지도 이민법은 '사이코패스'의 이민을 거부했는데, 이 단어는 사실상 동성애자를 의미했고 유럽의 '문제아'들을 겨냥한 조항이었다.

2013년 9월 7일, 서울 청계천에서 두 남자 사이에 결혼식이 열렸다. 영화계에 종사하는 김조광수와 김승환 두 사람의 결혼식에는 양가 가족과 함께 2,000여 명의 하객이 몰려들었다. 그리고 석 달 뒤인 12월 10일 세계인권선언기념일에 맞춰 이들은 서대문구청에 혼인신고서를 제출했고, 사흘 뒤에 '불수리' 통보를 받았다.

두 남자는 이듬해 5월 21일 '부부의 날'을 계기로 법정 투쟁을 시작했다. 하지만 법은 그들의 편이 아니었다. 대법원은 '혼인은 무릇 남녀 간의 육체적 정신적 결합으로 성립되는 것'이라는 입장을 되풀이하여 천명한 바 있다. 대법원이 판결문에서 강조한 '무릇'이라는 단어에는 역사적 당위와 국민적 상식이라는 사법적 확신이 담겨 있다.

2015년 8월, 미국 연방대법원의 루스 긴즈버그Ruth Ginsburg 대법관이 우리 대법원의 초청으로 서울을 방문했다. 그녀는 짬을 내어 동성애 운동가들을 만나 격려를 건넸고, 이에 초청자인 대법원이 무척 당혹스러워했다는 뒷말이 있다.

2016년 5월 25일, 서울 서부지방법원은 예상대로 김조광수, 김승환의 신청을 각하했다. 그러나 판결문에는 세계적으로 동성혼의 합법화 추세가 현저하고, 시대의 변화가 가족 형태와 혼인제도에 변화가 일고 있다는 사실을 기록했다. 동성혼이 법적으로 승인받지 못하면 부양, 재산 분할, 유족 연금, 의료보험, 상속 등에서 불이익을 받을 수밖에 없다는 사실도 인정했다. 한 걸음 더 나아가 '사법의 역할이 소수자라 할지라도 그의 권리를 충분히 보장하는 데 있다'는 사실도 언급했다.

그러나 판결문은 '별도의 입법 조치가 없는 한 현행법의 해석으로는 동성 간의 혼인을 인정할 수 없다'고 결론을 맺었다. 새로운 시대정신은 국민의 대의기관인 입법부가 제정한 법률을 통해 구체화되어야 한다는 것이다. 법원은 법을 해석, 적용할 뿐 전면에 나서 사회변화를 주도할 수 없다는 '사법 자제론'의 전형이다. 그나마 '무릇'을 내세운 대법원의 확신과는 달리 하급법원은 현재의 제도가 시대의 흐름에 부합하지 않을 수도 있다는 점을 인정한 의미가 있다. 법은 노인의 고집이 아니라 젊은이의 감각이라고 할까.

실패한 '서울시민인권헌장'

2014년 8월 6일, 박원순 서울시장은 190명의 시민에게 위촉장을 건넸다. 아이를 데리고 온 주부, 고3 수험생, 1960년대 독일에 파견 갔던 간호사 출신의 할머니, 인기 강사로 명성을 날린 택시기사 등 10.5 대 1의 경쟁을 뚫고 추첨으로 뽑힌 보통 시민들이다. 시민의 손으로 '인권헌장'을 만들어 그해 12월 10일 세계인권선언기념일에 공표한다는 것이 시민운동가 출신 박 시장의 계획이었다.

선언에는 응당 소수자 차별 금지 조항이 들어가야 한다. 인권의 핵심이 소수자 보호이기 때문이다. 그 소수자 중에 성소수자도 포함되는가? 논쟁할 필요도 없이 당연한 것으로 여기는 시민이 절대 다수였다. 그러나 일부 기독교 단체의 조직적인 반대운동이 전개되어 폭력

사태도 뒤따랐다.

결과적으로 박원순 시장은 이들의 정치적 압력에 굴복하여 사회적 합의를 이루지 못한 내용은 헌장에 담을 수 없다며 물러섰다. '서울시민인권헌장'은 무산되고, 인권변호사 출신 진보주의자 시장에게 희망과 꿈을 걸었던 국내외 인권 단체의 강한 비판이 따랐다.[60] 이 일은 역사는 정치와 인권이 동지도, 적도 될 수 있다는 교훈의 생생한 실례를 확인한 것이다. 정치가 인권의 편에 서면 선이고, 반대편에 서면 악이 된다는 것이 인류의 경험이다. 세상살이에 영원한 선도, 악도 없다. 어쩌면 선과 악의 구분은 단지 시간의 문제일지도 모른다.

2001년에 제정된 국가인권위원회법에는 '성적性的 지향'을 이유로 차별해서는 안 된다는 조항이 들어 있다. 이 법을 입안하는 과정에서 세계적 추세를 담았던 것이다. 당시만 해도 성소수자 문제는 일반의 관심이 높지 않았고, 기독교 단체들도 특별히 주목하지 않았다. '성적'이란 말이 학업 성적을 의미하는 것으로 착각했을 거라는 우스갯말로 퍼져 있었다.

내가 인권위에 재직할 당시의 일이다. 당시 인권위는 종합적인 차별금지법의 제정을 추진하고 있었다. 법의 초안에 성소수자가 차별로부터 보호할 대상으로 들어가 있었다. 그러자 기독교 학부모들의 항의 집회가 이어졌다. 매일 한 시간씩, 한 달 동안 이어진 집회의 구호는 사뭇 자극적이었다.

"안경환은 물러나라! 내 며느리를 남자로 삼으란 말이냐?"

집으로 전화를 걸어 혹시 며느리가 남자인지 묻는 중년 여인도 있었다. 이에 반해 젊은이들의 인식은 확연하게 다르다. 지난 몇 년 동안 대학마다 성소수자 동아리가 생겨났다. 이제 동성애 모임은 너무나 자연스러운 현상이 되었다. 동성애에 동조하든 반대하든, 아니면 무심하게 보아 넘기든 학생들은 자유롭고 평화롭게, 그리고 자연스럽게 수용하고 있다.

한때는 불치의 병인 에이즈가 남성 간의 성행위 결과라는 편견이 만연하면서 동성애자들에 대한 노골적인 탄압이 가속된 적이 있었다. 기성세대의 편견과는 달리 동성애자 모임의 활동은 성행위 자체에 중점을 두는 것은 아니다. 인간의 개인적 성향의 다양함과 성적 파트너의 자율적 결정권을 주창하는 데 주된 목적이 있다. 대학생 회원 중에는 동성이든 이성이든 전혀 성경험이 없는 학생도 적지 않다. 적어도 대다수의 학생은 섹스는 사생활의 자유에 속하는 것이며, 그 사생활 속에는 합의에 의해 섹스 파트너를 선택할 권리가 있다고 믿는다.

동서고금을 막론하고 동성애는 인류의 삶의 자연스러운 현상의 일부였다. 모든 역사적 기록을 봐도 그렇다. 그 엄연한 현상을 어떻게 평가하고 어떤 자세를 취할 것인가는 시대와 여건에 따라 다를 것이다. 고대 그리스에서는 동성애를 미덕으로 찬양하기도 했다. 진실한 사랑은 성인 남성과 세속적 가치에 때 묻지 않은 소년 사이에만 성립된다는 철학적, 미학적 신조도 널리 퍼져 있었다. 그러다 동성애를 죄악으로 규정한 데는 유대-그리스도교 전통이 강하게 작용했다.

우리나라의 역사에도 동성애가 결코 낯설지 않다. 고려 왕조의 경우 제16대 목종과 제31대 공민왕의 동성애 행각은 공식 역사에도 기록되어 있다. 그들은 남색에 빠져 국사를 그르친 무능한 군주로 기록되어 있다. 신라의 화랑제도를 동성애의 관점에서 연구한 글도 있고, 조선시대 남사당패의 삶에 관한 구전이나 문헌도 풍부하다.

2012년 제19대 총선을 앞두고 급조된 기독교 정당은 '종북 좌파 척결'을 소리 높여 외쳤다. 그런데 4년 후인 2016년 제20대 총선에서는 '동성애 반대' 구호에 올인했다. 이들이 혐오 대상으로 표기한 동성애에는 양성애자와 성전환자도 포함한다. 즉 이성애를 제외한 LGBT 전체를 기독교의 적으로 규정한 것이다. 동성애에 반대하는 운동가들은 성경 구절을 정신적 무기로 삼는다. 성경을 문자 그대로 받아들이면 빈도수에서나 표현의 적나라함에서 동성애자보다 여성이 더욱 혐오의 표적이다. 그러나 여성 혐오를 선거구호로 내건 기독정당은 없다.

영구적 기독교 정당의 설립을 추진하는 핵심 세력은 막강한 경제적, 사회적 자원을 가진 대형 교회의 목사, 장로, 그리고 신자들이다. 이들은 '국가적 위기'를 내세워 내부 결속을 강화한다.[61] 이들이 척결 대상으로 지목하는 '종북 좌파'와 '동성애자'의 실체는 사상과 윤리의 다양성을 추구하는 사람들, 즉 자유민주사회의 적이 아니라 신봉자들이다.

히틀러에게 배운다

20세기 세계사에 명멸했던 무수한 사람들 중에 '인류의 공적 리스트'를 만든다면 제1호는 단연 나치독일 수상 아돌프 히틀러가 될 것이다. 그의 자서전《나의 투쟁Mein Kampf》은 한 인간의 그릇된 신념이 세상에 얼마나 큰 재앙을 초래하는지 두고두고 성찰할 자료를 준다. 다음은 히틀러에 맞서 연합국의 승전을 이끈 영국 수상 윈스턴 처칠이 쓴《제2차 세계대전The Second World War》의 한 구절이다.

"《나의 투쟁》은 뮌헨 폭동의 희생자들에게 바치는 자신의 정치철학에 대한 논문이었다. ……요점은 간단하다. 인간은 투쟁하는 동물이다. 자신의 생존을 위한 투쟁을 포기하는 생명체는 멸망할 수밖에 없다. 투쟁을 포기하는 국가나 인종 역시 같은 운명에 처할 수밖에 없다. 인종의 투쟁 능력은 그 순수성의 정도에 따라 달라진다. 그러므로 인종의 순수성을 더럽히는 외부의 오염물질을 제거할 필요가 있다.

유대 인종은 온 세계에 분포하고 있는 그 보편성 때문에 필연적으로 평화주의자이자 국제주의자이다. 평화주의는 최악의 죄이다. 그것은 생존을 위한 싸움에서 항복을 의미하기 때문이다. 그러므로 어느 국가든 첫 번째 임무는 대중을 모두 국가주의자로 만드는 것이다.

교육의 궁극적 목표는 단시간의 훈련을 통해 군인으로 변신할 수 있는 독일인을 양성하는 데 있다. 역사상 가장 위대한 변화는, 광적이고 격정적인 힘으로 밀어붙이지 않았더라면 생각조차 할 수 없었을 것이다. 평화와 질서라는 부르주아적 미덕만으로는 결코 아무것도 성취할 수 없었을 것이다. 이제 세계는 그러한 역사의 대변화를 향해서 나아가고 있다. 따라서 새로운 국가로서 독일은 독일 민족이 이 지구상의 최종이자 최대의 결단을 내릴 준비를 해야 한다는 사실을 명심해야 한다.”

히틀러가 투쟁의 대상으로 삼은 적은 유대인만이 아니었다. 집시, 장애인, 정신질환자, 동성애자 등등으로, 이들은 그의 기준으로 볼 때 온전한 인간의 기준에 미달하는 오염된 하등인간들이었다. 하지만 이들은 평화주의자이자 국경 너머의 삶을 용인하는 국제주의자들이다. 인종과 문화와 종교는 제각기 다르지만, 또는 정신적, 신체적 조건은 제마다 달라도 먼저 남을 해치지 않고 이웃을 사랑하는 마음은 누구보다도 충만한 인간이요 시민이다.

남자든 여자든 함께 정을 나누고 사는 것이 인간의 삶이다. 마음의 정이 몸으로 옮겨가는 것은 자연스러운 인간의 행태다. 서로 정을 주고받은 주체와 객체가 남자냐 여자냐에 따라 사랑과 정의 질과 품격이 달라질 수는 없는 일이다.

지난 수십 년 동안 게이 남성들은 전통적 남성상을 희석시켰고 여성운동의 동지가 되기도 했다. 2016년 6월 11일, 서울시청 앞 서울광장 일대에서 열린 17회 '퀴어 축제Korea Queer Festival'에 처음으로 무성애자가 부스를 설치했다. 이때 '퀴어 플라토닉' 무성애자가 주목을 받기도 했다. 그는 이렇게 말했다.

"아무에게도 성적으로 끌리지 않는다. 나는 나일 따름이다."[62]

어쨌든 성적 정체성은 성적 자유와 자율의 문제와 함께 21세기 인류의 삶에 가장 중요한 공적 논제의 하나로 남아 있을 것이다. 다행스럽게도 인류는 개명의 길을 걷고 있다. 그 개명은 사람이 제각기 다르다는 것을 인정하고, 그 다름이 결코 오염된 징표가 아니라는 이해와 확신을 공유함으로써 이루어지는 것이다. 다시는 히틀러와 같은 인간이 지구를 유린하지 못할 것이다.

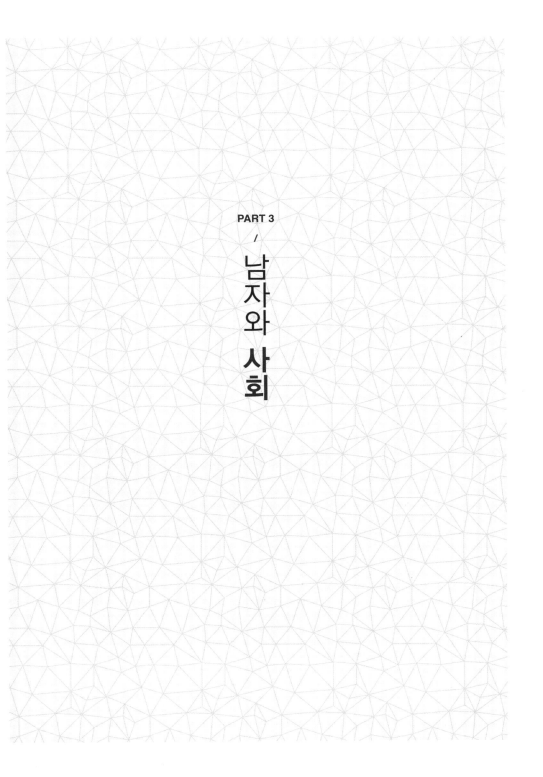

PART 3

/

남자와 사회

한국,
한국인의 운명

한 가지 분명한 사실은 오래전부터 국제사회에서 일본은

우리가 감히 비교할 수 없는 비중을 지녀온 나라였다는 것이다.

그들은 경제, 학문, 과학기술, 문화, 그 모든 면에서

최고 수준의 내실을 갖추고 있다.

한국인이라면 누구도 피할 수 없다

"천하에 불쌍한 멕시코여! 하느님은 멀리 계신데, 미국은 지척에 있
으니."

멕시코 사람이면 누구나 알고 있는 문구다. 멕시코 대통령을 지낸
포르피리오 디아즈Porfirio Diaz의 입에서 나온 탄식이었다고 한다. 이
자조적인 문구가 웅변하듯 강대국을 이웃한 나라의 운명은 가혹하다.
몇 해 전에 이 문구를 친분이 쌓인 멕시코 외교관에게 농담으로 건넸
더니 맞는 말이라며 동조했다.

국제사회에서는 가능한 한 종교와 정치 문제를 화제로 삼지 않는
것이 기본적인 예의이자 상식이지만 그래도 예외가 하나 있다. 미국
을 욕하는 것은 누구나 즐긴다. 미국인도 대체로 자기 나라 정부에 대
한 비판을 대범하게 넘기는 여유를 즐긴다. 때로는 단순한 양해를 넘
어 비판에 앞장서기도 한다. 멕시코 외교관 친구의 대답은 이랬다.

"그래 맞는 말이다. 그런데 그렇게 치면 너희 나라는 멕시코보다 네 배는 더 불쌍한 나라다! 미국이 군대를 두고 있는 나라가 아니냐? 게다가 중국과 일본이 곁에 있지. 그뿐이냐? 국제사회에서 가장 골칫거리인 북한과 대립하고 있는 처지가 아닌가?"

새삼 정신이 번쩍했다. 정말이지 되로 주고 말로 받은 셈이었다. 우리 자신도 항상 의식하고 있는 일이지만, 이는 국제사회가 바라보는 대한민국의 냉엄한 좌표다. 국제사회에서 영원한 적도, 동맹국도 없다. 2차 세계대전 이후로 한국의 둘도 없는 우방국이 된 미국도 한때는 한반도에 대한 일본의 지배권을 인정했었다. 1905년 가스라-태프트 밀약으로 조선과 필리핀을 맞바꾼 일본 제국주의의 동반자였다. 현재도 일본과 미국은 강력한 동맹국이다. 어쨌든 우리는 격동의 역사의 부채를 고스란히 후세에 넘겨주어야 한다. 이 부채는 대한민국 사람 누구도 피할 수 없는 운명이다.

불편한 이웃나라 일본

지구상에서 일본을 가볍게 여기는 사람은 한국인밖에 없다고 한다. 사실은 너무 무겁게 느끼기에 짐짓 가볍게 여기는 체하는지도 모른다. 식민지시대를 살았던 사람들의 일본에 대한 평가는 자신의 체험에 따라 저마다 특별하기에 객관성이 약하기 십상이다. 일제 말기에 소녀시절을 보낸 소설가 박완서는 일본인의 친절이 우월감의 소산이라면, 우리의 불친절은 열등감의 소산인지 모른다는 말로 다소 어색한 성찰을 남겼다.[1] 보다 앞선 세대의 한 지식인은 일본인을 이렇게 평가했다.

"일본인은 외국인과 대등하게 친구관계가 어려운 사람들이다. 외국인은 자기들보다 우월하거나 열등한 존재이지 수평은 없다. 따라서 굽실거리거나 깔아뭉개지 대등한 관계는 드물다. 인간을 전체 인류의 입장에서 이해할 줄 모르는 태도나 형제자매로 이해할 능력의 결여 때문에 그들이 진정한 세계인으로 발돋움하기는 어려운 것이고, 된다 하더라도 시일이 걸릴 것이다. 그러나 한 국민으로서는 별로 나무랄 데가 없는 단위를 이루고 있다. 법과 질서를 중요하게 여기고, 책임감과 직업의식에 투철하고, 공사의 구분이 분명하고, 열심히 공부하고, 부지런하고, 청결하고, 서로 타협해서 대동단결하는 데 능하다."[2]

《총, 균, 쇠Guns, Germs, and Steel》의 저자 재레드 다이아몬드Jered Diamonds는 한국인과 일본인의 관계를 이렇게 관찰했다.

"아랍인과 유대인의 경우처럼 한국인과 일본인은 같은 피를 나누었지만 오랜 시간 서로에 대한 적의를 키워왔다. 한국인과 일본인은 수긍하기 힘들겠지만 성장기를 함께 보낸 쌍둥이형제와도 같다. 동아시아의 정치적 미래는 양국이 고대에 쌓았던 유대를 성공적으로 재발견할 수 있는가에 달려 있다고 해도 과언이 아니다."

1980년대 초, 일본 도쿄에서 직접 체험한 일이다. 당시 나는 미국의 대학과정에 적을 두고 있었다. 여름 프로그램이 연관된 도쿄대학을 통해 머무를 하숙을 구했다. 소개받은 집은 분가한 아들이 쓰던 방에 외국인을 들여 가족이 외국어도 익히고 문화적 다양성도 도모한다는 기대를 품고 있었다. 그런데 뜻밖에 한국인이 배정되어 마뜩찮게 여겼던 것 같다. 게다가 하필이면 내 성이 '안安'이란 사실이 더욱 맘에 걸렸다. 당시까지 그들이 들어본 '안'은 안중근安重根 한 사람뿐이었다.

그들은 안중근을 일본 근대화의 영웅으로 추앙받는 이토 히로부미伊藤博文를 살해한 건달 테러리스트로 배웠다. 역사책에서 그렇게 배웠기에 그렇게 반응하는 것도 자연스러운 일일 것이다. 그래서인지 이웃에 대고도 굳이 내가 '미국에 사는 코오리언'임을 강조했다. 조선인도, 한국인도 아닌 '코오리언'이란 제3의 범주를 만들어내어 주위 시선의 부담을 덜어보려는 궁여지책이었을 것이다.

비슷한 시기에 미국에서 겪은 일이다. 로스쿨은 성격상 외국 학생이 매우 드물다. 첫 학기가 끝날 즈음 학장이 이방인 학생들을 집으로 초청했다. 그는 동부 명문대 출신의 학자였고, 부인 또한 동급생이었다. 1960년대 졸업생인 그녀도 엄연한 변호사였지만, 당시에는 미국에서도 여성에게는 마땅한 일자리가 없었기에 남편 뒷바라지로 삶의 의미를 찾아야 했다.

1980년 연방대법원 역사상 최초의 여성 대법관이 된 샌드라 오코너Sandra D. O'Connor도 스탠포드 법대를 우등으로 졸업하고도 처음엔 법률비서 자리밖에 얻지 못했다.

학장 부인은 문화애호가로 명성이 높았다. 주부의 취향과 식견을 웅변하듯이 고급 주택가 산중에 자리한 학장의 저택은 가히 작은 미술관이었다. 상냥한 미소를 띠며 '스시 롤'을 포함하여 손수 준비한 칵테일파티용 스낵을 연신 권하면서 부인은 내게 어느 나라 출신이냐고 물었다. 한국에서 왔다고 답하자, 즉시 나온 첫 마디가 한국인들은 정말로 행복하겠다는 시샘 어린 감탄이었다. 일본이 바로 지척이니 쉽게 나들이하면서 그 우아한 일본 예술품을 맘껏 감상할 수 있을 게 아니냐는 것이었다.

일순간 뜨악함을 넘어 당황한 나의 표정을 알아차린 학장이 재치 있게 개입하여 화제를 돌렸다. 그녀로서는 전혀 악의 없는 언행이었다. 한국사람 면전에서 노골적인 일본 칭찬을 자제할 정도의 외교적 매너를 기대할 수는 없었다. 당시로서는 그녀의 정직한 평가가 일본과 한국의 엄연한 차이였다.

그로부터 25년 후, 부인은 확연하게 달라진 모습을 보여주었다. 초청교수가 되어 모교에 되돌아온 외국인 졸업생을 맞은 그녀는 그동안 한국문화에 적잖이 개안된 것처럼 보였다. 중국과 일본과는 확연하게 다른 한국미술의 고유한 미와 가치를 입에 침이 마르도록 칭찬했다. 마치 4반세기 전의 실례를 기억해두고 만회하려는 노력으로 비치기도 했다. 그보다도 그동안 한국의 위상이 크게 높아진 것인지도 모른다.

지리적으로 가장 가까운 나라임에도 우리는 일본을 잘 모른다. 한 가지 분명한 사실은, 오래전부터 국제사회에서 일본은 우리가 감히 비교할 수 없는 비중을 지녀온 나라였다는 것이다. 경제뿐만 아니라 학문, 과학기술, 문화, 사회적 질서, 그 모든 면에서 허명에 그치지 않는 내실을 갖추고 있다. 한 예로 노벨상 수상자를 자연과학 부분에서만 23명이나 양산한 나라다. 우리가 일본을 비교대상으로 삼는 사실 자체를 의아하게 여기는 서양 지식인도 많다.

일본은 과거사에 대한 응분의 반성과 책임을 지는 데 극도로 인색하다는 평판을 받고 있다. 이 점에서 동맹국으로 함께 전쟁을 치렀던 독일의 경우와 극명하게 대조된다. 20세기 중반에 나치독일이 저지른 잔혹 행위는 인류사에 유례없는 죄악이었다. 인류 문명의 선도자이자 고귀한 인간 정신의 보고임을 자부하는 유럽에서 일어난 일이기에 더욱 충격이 컸다.

그들은 '세상의 광음을 누릴 자격이 없는 열등 인간은 절멸시켜야 한다'면서 유태인, 집시, 동성애자, 장애인, 그리고 인간을 구분 지워 낙인을 찍었고, 무려 600만 이상의 유대인이 나치의 '최종 해결 정책'의 희생양이 되었다. '인도에 반하는 범죄crime against humanity'라는 새로운 법원리는 그들이 저지른 만행으로 인해 탄생한 것이다.

더욱 충격적인 사실은 당시 대다수 아리안 독일인들이 나치의 정책을 지지하거나 별반 저항 없이 수용했다는 것이다. 그보다 더욱 놀라운 일은 그렇게나 잔혹한 범죄를 저지른 나치 간부도 뿔 달린 괴물이 아니라 지극히 평범한 인간이었다는 사실이다.

독일 태생의 유대인 철학사상가 한나 아렌트Hannah Arendt는《예루

살렘의 아이히만 재판Eichmann in Jerusalem》이라는 책에서 '악의 평범성banality of evil'을 설파했다. 스스로는 인식하지 못하는 악마가 우리 몸속에 내재해 있다. 누구나 아이히만과 같은 인간 백정이 될 수 있는 것이다. 그러기에 이른바 난세에는 더욱 강한 양심적 이성의 긴장이 요구되는 법이다.

독일정부는 역사적 과오를 통절하게 반성했다. 그리고 각종 참회의 공적 조치를 단행했고, 그 작업은 아직도 이어지고 있다. '인도에 반하는 범죄'에 시효가 없듯이 국가주의의 망상에 빠져 인류의 양심에 충격을 준 죄과는 지속적인 반성과 성찰을 통해 속죄해야 한다. 독일정부는 국제정치의 기류와 국익의 계산에 따라 공적 입장을 표했을지 모른다. 보다 중요한 것은 시민이다. 이성이 깨어 있고 양심이 살아 있는 시민이 충만한 나라라야만 선진국으로 불릴 자격이 있다.

독일의 주요 도시마다 작은 '디딤돌Stolperstein'이 놓여 있다. 유대인 희생자를 추모하기 위한 것이다. 라인 강변의 대성당 도시인 쾰른의 한 시민이 주도한 양심의 형상화 작업이었다. 많은 시민이 앞다투어 화답했다. 독일 거리의 표석은 불행한 과거사의 화해를 가로막은 '걸림돌'이 아니라 미래사회의 '디딤돌'이 된 것이다.[3]

서울의 주한 일본대사관 앞에 소녀상이 하나 서 있다. 2차 세계대전 중에 일본군의 성노예로 참혹한 삶을 강요당했던 어린 여인의 형상이다. 일본정부는 공권력이 개입한 위안부의 존재를 부인한다. 그리고 민간 주도로 세운 이 소녀상을 철거할 것을 공식적으로 요구한다.

2015년, 위안부 협상을 타결하면서 우리 정부도 적정한 시기에 철거할 것을 약속했을 것이라는 추측이 뒤따른다.

세월 속에는 망각이 있다. 하늘을 찌를 것 같은 분노도, 땅이 꺼질 것 같은 비탄도, 세월 속에 용해되어 망각의 세계로 내려앉는다. 역사의 가해자는 자신이 가해자였다는 사실조차도 쉽게 잊는다. 그러나 피해자는 다르다. 국제사회에서도 역사의 피해자에게는 약간의 떼를 쓸 정서적 권리가 있다고도 한다. 과거사만으로도 한국인에게 일본은 불편한 나라다.

"용서는 하되 잊지는 말자!"

예루살렘의 홀로코스트 역사박물관에 적혀 있는 경구다. 20세기 후반에 이르기까지 잔혹한 인종차별 체제를 고집하던 남아프리카 공화국이 새로운 출발을 하면서 내건 슬로건은 '진실과 화해'다. 이 슬로건은 과거 청산의 새로운 모델을 제시했다. 과거는 그대로 묻어버리는 것이 아니다. 용서하려면 먼저 진실을 알아야만 한다.

"태양에 바래지면 역사가 되고, 월광에 물들면 신화가 된다."

한 시대를 호령하던 소설가 이병주의 수사다. 역사는 기억과 기록을 두고 벌이는 후세 사람들의 싸움이다. 승자의 행장은 역사로 기록되지만, 패자의 비애와 한은 애틋한 신화와 전설로 명맥이 이어질 뿐이다. 역사의 승자는 가해자이기 십상이다. 피해자의 한을 위무하는 의식 없이 역사가 발전할 수 없다.

2016년 '올해의 이민자'상을 받은 와타나베 미카라는 일본 여성은 과거 일본이 한국에 저지른 잘못을 속죄하기 위해 한국인과 결혼할 생각을 했다는 취지의 발언을 했다. 정부가 다하지 못한 책임을 개인이 분담하려는 인간애의 발로였다는 것이다.[4]

개인적 차원의 사랑을 국가의 역사적 부채와 연결시킨 그녀의 생각은 고맙지만, 그런 말을 듣는 한국인의 마음은 어쩐지 께름칙하다. 어쨌든 과거지사는 과거지사다. 두 나라 젊은이들에게는 한국과 일본은 그저 이웃나라일 뿐이다. 때때로 국내 정치용으로 점화되곤 하는 과거사 논쟁은 장기 과제로 남겨둔 채 함께 미래를 도모할 책임이 있다.

북한, 그리고 남북통일에 대하여

"나에게 조국은 없다. 산하가 있을 뿐이다."

"나는 대한민국의 국민보다는 한반도의 주민이고 싶다."

해방 직후 한반도의 정치적 상황은 복잡했다. 그 소용돌이 속에서도 이민족에게 빼앗겼다 되찾은 산하에 두 개의 조국이 들어서는 것을 용납할 수 없었던 사람들이 많았다.[5] '하나 된 통일 조국'은 우리 모두의 염원이었다. 분단 70여 년을 맞은 이제 그 꿈은 그야말로 꿈일 뿐 점차 현실과는 거리가 멀어지는 기분이다. 이제는 통일 그 자체보다 어떤 과정을 거쳐 어떤 통일을 이룰 것인가가 핵심 과제가 되었다. 그동안 남과 북은 자본주의와 사회주의라는 서로 다른 체제로 대립하고 있다. 그리고 각각 흡수 합병과 적화통일의 논리로 일관해왔다.

새삼 '화이부동和而不同'의 미덕이 아쉽다. '화和'는 '동同'과 달리 자신과 다른 가치를 인정한다. 타자를 흡수하고 지배함으로써 자기를 강화하려는 존재론적 의지를 갖지 않는다.[6] 따라서 화和의 정신에 바탕을 둔 통일이어야만 통일 후의 상황을 감당해낼 수 있다.

그런데 남북에 각각 화의 통일을 가로막는 집단들이 있다. 대립과 긴장을 유지함으로써 이익을 보는 세력들이다. 이들은 자신들의 존재 가치와 이익을 극대화하기 위해 대치상황을 이용하기도 한다. 남쪽에서는 '통일은 대박'이라는 구호가 등장하기도 했다. 마치 통일이 되면 거대한 시장이 열리고, 저렴한 노동력이 쉽게 확보되고, 투기할 토지가 양산될 것 같은 기대를 부추기는 듯하다.

박근혜 대통령은 북한 주민을 향해 마음 놓고 '자유세계로 오라'라는 메시지를 발표하기도 했다. 북한은 틈만 있으면 남한을 '불바다'로 만들겠다고 협박하는가 하면, 세계의 견제 속에서도 핵무기를 개발하여 평화에 대한 위협을 가중하고 있다. 이런 정치적 상황에서 평화적 통일은 요원해 보인다.

많은 통일론자들은 독일 통일의 선례를 들어 한반도의 통일을 낙관하기도 한다. 어느 날 갑자기 베를린 장벽이 무너지고 둘이 한 나라가 된 것이다. 독일 통일 과정에서 관심을 두었던 유일한 문제는 '어떻게 동독인들을 시장경제와 자유민주주의 체제에 적응시킬 것인가'일 뿐, 그들의 특성을 고려한 '제3의 길'에 대한 모색은 전혀 없었다.

그 결과 무자비한 경쟁으로 동독의 공장들은 하나둘씩 문을 닫았고 토지와 부동산, 그리고 생산수단의 대부분은 서독인의 수중에 떨어졌으며, 관리자는 대부분 서독인으로 채워졌다. 이런 상황에서 동서 분열은 더욱 심각해졌다.

장래 예측도 어둡다. 동독은 계속 가난을 벗어나지 못할 것이며, 독일 땅덩어리 가운데 약하고 무시당하고 고마워할 줄 모르고 게으르고 멍청한 인간들이 사는 곳으로 전락할 것이다. 또다시 선과 악의 이분법으로 동독과 서독은 서로를 배척할 것이다.[7] 베를린 장벽이 무너진 지 30년이 넘은 이 시점까지도 내적 일체감은 요원하고, 마음의 장벽은 여전히 남아 있다. 독일의 선례는 막연한 통일을 꿈꾸는 우리에게 커다란 문제와 함께 시사점을 던져준다.

중국 패권주의의 그늘

"대국이 소국을 공격하면 힘을 합쳐 구해야 한다. 나라는 교상리交相利의 국제관계를 맺어야 한다."

춘추전국시대의 제자백가 사상가들 중에 오늘날의 기준으로 볼 때 가장 돋보이는 평등, 평화론자라고 할 수 있는 묵자墨子의 주장이다.[8] 그런 평화 구조야말로 전쟁을 막고 신뢰와 명성을 얻고 천하에 큰 이익을 가져다준다는 것이다. 역대 중국 왕조가 묵자의 사상을 금기시한 이유가 있다.

예로부터 중국은 스스로 우주의 중심으로 자처해왔다. 천자가 다스리는 나라 주변에는 사이팔만四夷八蠻 오랑캐들뿐, 천하에는 자신 말고는 다른 문명세계가 존재하지 않는다는 중화주의의 오만이 팽배해 있었다. 세계사에서 고대문명의 발상지들은 하나같이 절멸되었지만 황화문명만은 번성을 거듭해왔다. 불교의 전래와 서구사상의 유입으로 한때 흔들리던 한족의 중화사상은 20세기 말 이래 새로운 융성기를 맞고 있다.

멕시코처럼 강대국을 이웃에 둔 나라는 항상 불안하다. 중국과 땅으로 국경을 맞댄 열네 나라의 공통된 두려움이다. 타이완, 필리핀, 베트남, 말레이시아, 브루나이, 인도네시아 등 바다를 잇댄 나라들 또한 마찬가지다.

"一点都 不能少(한 점의 땅도 잃을 수 없다)!"

인접 국가와의 영토 분쟁에서 중국은 습관적으로 억지를 부린다. 2016년 국제사법재판소는 중국과 필리핀 사이의 영해 분쟁에서 필리핀의 손을 들어주었다. 지극히 상식적인 결정이었다.

프랜시스 후쿠야마Francis Fukuyama는《역사의 종말The End of History》에서 자본주의만이 가치 있는 유일한 체제라고 주장한다. 그가 말하는 '종말'이란 최고의 상태를 의미한다. 그는 자본주의를 자유주의로 등식화하고, 그것이 인류가 성취할 수 있는 최고의 사회제도라고한다. 한마디로 자본주의 이데올로기를 인간 본성에 가장 적합한 제도라는 것이다.

그러나 후쿠야마의 확언과는 달리 자본주의는 무수한 부작용을 양산해내고 있다. 자본주의 사회는 상품사회다. 상품사회는 사회 구성원의 관계가 상품과 상품의 교환으로 구성된다. 인간관계는 상품과 상품의 거래로, 사람의 가치는 교환가치로 구현된다. 자본주의가 끝없는 변신과 수정을 가하지 않으면 인간성이 무너진다.

오늘날 중국의 부상은 단순한 한 나라의 융성에 그치지 않는다. 어쩌면 새로운 세계문명사를 여는 계기가 될지도 모른다. 후쿠야마의 확신을 무색하게 만들 대안적 정치, 경제체제의 샘플을 제시할지도 모른다. 자본주의와 사회주의의 이분법을 지양하고, 조화를 이루려는 중국의 새로운 실험이 과연 성공할지 의심과 기대가 교차한다.

이미 중국의 경제력은 눈부시게 성장했다. 인접 국가들은 물론 중동과 아프리카 여러 나라에 중국 자본이 깊숙이 투입되어 있다. 21세기 후반의 세계는 아시아가 주도할 것이라는 예상이다. 총인구 40억의 아시아의 한가운데에 14억 중국이 자리하고 있다. 그러나 강대국이 민족주의를 내세우면 세계에 재앙이 닥친다. 우리가, 세계가 중국을 두려워해야 할 가장 큰 이유다.

국제사회는 날로 고조되는 베이징 중국의 패권주의에 제동을 걸 수 있는 카드 만들기에 고심한다. 55개 소수민족을 아우르면서도 중화문명의 만개를 구가하는 중국을 견제하기 위해서는 중국 인접국들과의 유대가 절실하게 필요하다.

중국도 이러한 '오랑캐들의 합창'을 두려워한다. 하나의 예로, 타이완과의 관계를 생각해보자. 국제사회에서 타이완은 나라이기도 하고, 아니기도 한 특이한 존재다. 1971년 유엔은 타이베이 정부 대신 베이징의 공산당 정부를 유일한 중국으로 인정했다. 국제정치에는 영원한 동맹국도 적국도 없다. 대한민국도 1992년 '자유중국'과 단교하고 '중공'과 수교했다. 대세에 따른 불가피한 선택이었을지라도 과정이 너무나 비정했다. 적정한 예고도, 설득도 양해를 구하는 위무의식도 없었다.

그 이후로도 우리 정부는 타이완을 너무나 홀대했다. 독립국의 자존심이 무색할 정도로 중국정부의 눈치를 살폈다. 우리에게 타이완은 소중한 존재다. 정서적 차원의 과거 때문이 아니다. 국제정치에 매우 유용한 소재가 될 수 있기 때문이다. 보다 큰 국제정치의 그림으로 보면 남북한의 통일은 대륙중국과 타이완, 양안국의 통일문제와 연계되어 있을지도 모른다.[9]

2016년 박근혜 정부는 북한 핵의 위기를 대처하면서 주한 미군의 사드THAAD 배치를 결정했다. 이에 앞서 일본과 위안부 협상을 서둘러 타결했다. 이런 일련의 조치가 중국과 미국 사이에 균형을 유지하는 대신 미국의 입장을 택한 것으로 비칠 수 있다.

어느 틈엔가 우리나라는 중국경제권에 편입되어 있다. 경제만이 아니다. 모든 분야에 있어 중국 의존도가 더욱 높아질 것이다. '유커遊客'들의 방한에 일희일비하는 관광산업은 문자 그대로 빙산의 일각에 불과하다. 멕시코 외교관의 말대로 미국과 중국, 일본과 북한, 그 어느 하나도 쉬운 상대가 아니다. 일대일 정책을 펼 수도 없다. 시대와 상황에 맞추어 묘한 균형을 잡는 지혜가 필요하다. 그래서 끝없는 긴장 속에서도 물질적 안정과 정신이 풍요로운 사회를 만들어야 한다. 다양한 가치관과 차이를 인정하면서도 모두를 아우르는, 새삼 공자 말씀대로 '화이부동'의 정신을 함양하는 것이 절실하다.

군대,
의무라는 이름의 천형

군대의 구성과 운영에 자유민주주의 법의 원리가

어떻게 구현되어야 할 것인가.

이는 많은 나라에 공통된 과제이고, 핵심 주제의 하나는

바로 징병제냐, 모병제냐이다.

"대한민국은 군대다!"

높은 산에 올라 멀리 부모님 계신 곳 바라보니 부모님의 목소리가 들려오네.

오 내 아들아. 밤낮으로 쉴 틈도 없겠지. 부디 몸조심하여 오래 머물지 말고 돌아오너라.

잎이 떨어진 산에 올라 어머님 계신 곳을 바라보니 어머님 말씀 들리는 듯.

오 막내야. 밤낮으로 잠도 못 자겠지. 부디 몸조심하여 어미 저버리지 말고 돌아오너라.

산등성이에 올라 형님 계신 곳을 바라보니 형님 말씀이 들리는 듯.

오 내 동생아. 밤이나 낮이나 고역에 시달리겠지. 부디 조심하여 죽지 말고 돌아오너라.

동양에서 가장 오래 된 고전인 《시경詩經》에 등장하는 병사의 애탄, 〈산에 올라〉(척호陟岵)의 구절이다. 1950년대 유행가인 〈아내의 노래〉에는 다음과 같은 애절한 구절이 나와 대한민국 국민 모두의 마음을 울렸다.

"님께서 가신 길은 영광의 길이옵기에 이 몸은 돌아서서 눈물을 감추었소."

'해학의 달인'이라 불린 20세기 전설적인 영국의 희극배우 찰리 채플린은 이런 말을 했다.

"전쟁터에 나가지 않는 나이 든 사람들이 쉽게 전쟁을 결정해서 젊은이를 죽게 만든다. 전쟁에는 40대 이상인 사람만 나가라."[10]

남자에게 군대는 천형天刑이다. 다산 정약용의 작품 중에 〈애절양哀絶陽〉이란 무거운 시가 있다. 썩은 나라에 사내로 태어난 천형을 이처럼 통절하게 그린 작품도 드물 것이다.

갈밭마을 젊은 아낙 길게 우는 소리

관문 앞 달려가 통곡하다 하늘 보고 울부짖네.

출정 나간 지아비 돌아오지 못하는 일 있다 해도

사내가 제 양물 잘랐단 소리 들어본 적 없네.

예부터 남자가 생식기를 잘랐단 말 들어본 적 없네.

태어난 지 사흘 된 아이가 군첩에 오르고, 마을 이정은 못 바친 군포 대신 소를 빼앗아간다. 그러자 아이의 아비는 '내가 이 물건 때문에 곤액을 받는구나'라고 울부짖으며 자신의 남근을 잘라버린다. 아내는 피가 뚝뚝 흐르는 남편의 기물을 들고 관청에 가서 울며 호소하나 문지기가 박정하게 막는다. 죽은 사람과 갓난아이에게도 세금을 물릴 만큼 부패하고 부조리한 조선 후기의 참담한 모습이다. 그만큼 군대는 사내의 운명이다. 당나라 시인 두보杜甫의 시구가 적확하게 찌른다.

딸을 낳으면 그래도 이웃집에 시집이라도 보내지
아들을 낳으면 잡초 속에 묻힐 뿐.

두보의 〈봄날의 소망春望〉은 군역에 동원되어 오랫동안 집을 떠나 있는 노병의 독백으로 오랫동안 전승되어온 병사의 한이다.

나라는 기울어지나 강산은 변함없어
성에는 봄이 오고 초목이 우거졌구나.
시절을 느끼어 꽃에도 눈물을 뿌리고
이별이 한스러워 새소리에도 놀란 마음이네.
봉화가 오랫동안 연이어 오르니
집에서 온 편지는 만금만큼 소중하다.
흰머리는 긁을수록 더욱 짧아져
거의 비녀를 이길 수 없을 지경이네.

"대한민국은 군대다!"

이 도발적인 구호는 2005년 권인숙이 펴낸 책의 제목이다. 오랜 기간에 걸쳐 강화된 대한민국 군사주의 문화의 내면을 여성학적 시각에서 분석한 저술이다. 책은 강한 국가주의 아래에서 성장한 군사문화로 인해 개인의 선택권이 원천적으로 차단되거나 도전받지 않았던 영역과 문제를 다룬다. 핵심 내용은 징병제를 비롯한 군사 문제와 1980년대 학생운동이다. 우리 사회에 팽배해 있는 집단과 개인, 남성과 여성, 강자와 약자 사이에 형성된 적대관계, 억압과 갈등의 구조를 분석해 낸 것이다.[11]

권인숙의 구호에 많은 사람들이 심정적으로 동조한다. 동족 간의 전쟁을 치렀고, 남북 대치상태가 계속되고 있는 대한민국은 국가 통치력이 매우 강한 나라다. 인구 1천 명당 현역 군인이 12명으로 세계에서 매우 높고, 병역 자원의 일거수일투족을 국가가 관리한다. 세계 징병국가 중에서도 최상위에 가까운 현역 복무율 89%을 기록하는 한국은 '고도 국방 국가'에 가깝다. 한국은 군에 더하여 공안 기능도 아주 강하다.[12]

노골적으로 '선군정치'를 표방하는 북한은 더욱 강력한 병영국가다. 북한의 정치 지도자는 언제나 전쟁 구호를 입에 달고 산다. 이런 대한민국에 사는 남자는 대대로 '군대병'을 앓아왔다. 군에 다녀온 사람도, 못 가거나 안 간 사람도 모두가 평생 군대병을 지니고 산다. 이민을 떠나 수십 년째 외국에 살고 있는 70대 노인도 심신이 지칠 때는 이따금씩 징집영장을 받는 악몽을 꾼다고 한다.

헌법은 나라의 최고 규범이다. 우리 헌법은 '모든 국민은 법률이 정하는 바에 따라 국방의 의무를 진다(헌법 39조 1항)'고 규정한다. 병역법에서, 사병은 징병제를 원칙으로 삼고 예외적으로 각종 대체복무를 허용한다. 그 '예외'는 국제사회의 기준으로 볼 때도 매우 이례적이다. 세계인의 상식인 종교적 양심에 기초한 대체복무는 완강하게 거부한다. 그런가 하면 국위를 선양한 바둑, 예술, 스포츠 선수에게는 면제의 특전을 준다. 여성은 징집에서 면제되지만 원하면 군문에 몸담을 수는 있다. 그 경우에도 장교나 부사관은 될 수는 있지만 졸병 신세는 면한다(한때 여군 병사도 있기는 했었다).

헌법은 '누구든지 병역 의무의 이행으로 불이익한 처분을 받지 아니한다'(제39조 2항)고 규정하고 있다. 지극히 당연한 원리를 굳이 헌법이 강조하는 숨은 이유가 무엇일까? 실제로 징병된 군 복무자에게 엄청난 불이익이 주어지기 때문은 아닐까? 한창 인생과 장래를 설계하며 장밋빛 꿈에 부풀어 있는 청년들에게 군복무는 별도의 계획을 세울 것을 강요한다.

그것은 꿈의 유보, 사회적 관계와 경력의 단절이다. 사회생활과의 단절, 바깥세계로부터의 격리, 소외되는 것 자체가 청년에게는 적지 않은 불이익이다. 이들의 마음속에는 솔직히 원해서 온 것도 아니고 군복무가 향후의 삶에 도움이 되지도 않는다는 불만이 가득 차 있다. '군대가 사람을 만든다!'는, 기성세대가 강조하는 전래의 경구도 신세대 청년들에게는 괜한 헛말에 불과하다.

'여성 징병제'에 대하여

1999년, 헌법재판소는 하위직 공무원시험에서 사병 복무자에게 일정한 가산점을 부여한 정책을 위헌으로 선언했다. 국민의 반응이 뜨거웠다. 여성은 환호하고, 남자는 분개했다. '여자도 군대에 보내야 한다'는 선동적인 구호가 등장했다. 이는 군 인력의 확보나 남녀평등의 이념 때문이 아니라 '너희도 군대에서 고생해보라'는 감정적 대응이었다. 이에 맞서 여자는 출산의 부담을 지기 때문에 군복무를 면제받는다는 기상천외의 방어논리가 등장하기도 했다.

군대에 관한 논란이 벌어질 때마다 남성 군필자들에 의해 반복되어온 '희생 논리'와 이에 대한 여성의 방어로 '사회적 약자 논리'가 제시되었다. 남성 징병제는 남자만 군대에 간다는 피해의식을 공유시키고, 여성 비하를 전제로 한 왜곡된 남성 연대감을 형성하기도 했다.

헌법재판소의 판결은 미국의 경우와 극명하게 대조된다. 미국은 베트남전쟁 막바지인 1973년에 징병제를 폐지하고 모병제를 도입했다. 모병제 아래서도 군 복무자에게 공무원 채용에 있어 절대적 우선권을 부여하는 주정부도 많다. 미국 법원은 1979년 이래 지속적으로 이런 제대군인 우대정책을 헌법에 부합한다고 확인해왔다.

역사상 여성이 전쟁에 참여한 사례는 많다. 2차 세계대전 당시 영국은 여성 징병제를 실시했다. 전쟁이 절정이던 1943년에는 공군 병력의 16%가 여성이었다. 소련도 1941년 독일의 기습 공격을 받자 자녀 없는 여성을 징집했고, 한때 100만이 넘는 여자 군인들이 전쟁을 수행했다. 저격수 등 전투 병과에서 특출한 활약을 보인 여군도 많았다.

현재 세계에서 여성 징병제를 채택한 나라는 북한과 이스라엘, 쿠바, 아프리카 몇몇 국가 등 10여 개국 남짓이다. 아프리카 국가들은 오랜 내전으로 인해 남자 인력이 고갈되었기 때문이다. 노르웨이의 예는 특이하다. 2016년부터는 여성도 남성과 마찬가지로 1년간 의무 복무를 하게 된다. 유럽 국가들이 대부분 징병제를 폐지하고 모병제로 전환하고 있는 것과 달리 노르웨이는 정반대로 징병제를 강화하고 있는 것이다.

실제로 노르웨이에서는 전쟁 위험은 거의 없다. 게다가 연간 징집 대상 3만여 명 가운데 필요한 병력은 1만 명 남짓이다. 남자만으로도 충분함에도 여성 징집에 나서는 것은 '양성평등'이라는 국가 목표를 실현하기 위해서다. 이 나라에서 여성 징병제를 주도한 세력은 사회주의 정당들의 여성 당원들이다.[13]

이제 '모병제'를 논의할 때다

자유민주주의는 인간의 자유와 자율성에 최대한의 경의를 보낸다. 개개인의 창의와 자유를 존중하는 데서 공동체의 번영이 이루어지기 때문이다. 자유와 자율, 양대 덕목은 자유민주주의 삶의 본질적 가치다. 군대는 한 나라 국정의 상징이다. 근대국가가 형성되면서 군대는 국가의 핵심적 기능을 수행하는 필수 조직이 되었다. 군대는 직업, 행정, 기술, 산업, 예술 등 그 모든 것을 아우르는 종합적인 유기체다. 한 나라의 선진화를 가늠하는 중요한 척도는 그 나라 군대가 작동하는 기능과 역할이다.

국민에게 신뢰를 주고 강건, 청렴, 효율의 상징이 되는 군대를 보유하지 않는 나라는 결코 선진국 자격이 없다. 오늘날 군대는 직접 전쟁을 수행하기 위해서보다는 전쟁을 예방하기 위해 존재하는 것이다. 현대사회에서는 전쟁이라는 특별한 상황에서뿐만 아니라 평화를 담보하는 안전판으로서 더욱 가치가 높은 것이 군대다.

군대의 구성과 운영에 자유민주주의 헌정의 원리가 어떻게 구현되어야 할 것인가? 이는 많은 나라에 공통된 과제다. 핵심 주제의 하나가 징병제냐, 아니면 모병제냐이다. 병역을 의무로 강제하는 징병제를 고집할 것인가, 아니면 개인의 자발적인 선택과 자율적 책임을 바탕으로 삼는 모병제를 채택할 것인가? 이는 자유민주주의의 성숙도를 가늠하는 지표가 되기도 한다.

시대가 변하고 있다. 오래전부터 모병제가 선진국의 추세가 되었다. 한때는 누구나 의문 없이 징병제를 신봉했던 나라들이 앞다투어 모병제로 전환했다. 징병제에서 모병제로 전환한 후에도 여전히 미국 군대는 세계 최강이다. 군복무자의 일상적 자율도 최대한 존중된다. 일본의 자위대는 물론 자발적으로 선택한 직업이다. 유럽은 거의 예외 없이 모병제다. 타이완도 최근에 모병제로 전환하고 있다. 요컨대 군인이 합당한 대접을 받는 나라야만 선진국이다.

우리나라는 짧은 기간 동안 경제적 성장과 정치적 민주화를 함께 이룬 '기적의 나라'라는 국제사회의 평가를 받고 있다. 선진국을 향한 행보에 따라 개인의 존엄, 사생활의 자유, 인권, 환경, 복지와 같은 삶의 질의 문제가 사회의 핵심의제로 부상했다. 과거에는 방만한 사치로 치부되던 많은 가치들이 이제는 정당한 현실적 욕망의 대상이 된 것이다.

이런 나라에서 모병제가 사회적 의제로 떠오르는 것은 자연스러운 현상이다. 2012년 대통령선거에서 한 정당의 경선에 참여했던 정치인이 '모병제로 젊은이들에게 꿈을 돌려주겠다!'는 공약을 내세웠다. 2017년 대통령선거에서는 모든 후보가 외면할 수 없는 쟁점이 될 것이다.

남북 대치상황을 내세워 모병제의 논의조차 원천 봉쇄하려는 세력도 만만치 않다. 한때 야간 통행금지 없이는 안보와 치안이 불가능하다고 믿었던 시절이 있다. 지금 돌이켜보면 실로 무지몽매한 시절이었다.

혹시 징병제도 그런 게 아닐까? '피로 지킨 나라', '신성한 국방 의무', '북한의 위협' 등의 장엄한 구호를 앞세운 군사문화의 포로가 되어 시대의 변화를 애써 외면하는 것은 아닐까?

정작 당사자인 청년세대에게 이런 구호들은 전혀 가슴에 와 닿지 않는 구세대의 습관적 허사에 불과하다. 전쟁에는 40대 이상인 사람들만 나가라는 찰리 채플린의 독설이 새삼 가슴에 와 닿는다.

징병제 아래서의 병영은 당사자가 강제로 집단 수용된다는 점에서 본질적 성격이 감옥과 유사하다. 비자발적 집단 수용 상태에서는 온갖 사고와 인권유린이 횡행할 수밖에 없다. 한 방에서 혈기왕성한 청년 수십 명이 집단적인 감금생활을 하면 사고가 터지기 마련이다.

2014년 12명의 사상자를 낸 22사단 전방 초소의 총기사건, '관심사병'의 자살, 28사단 '윤 일병' 살해사건……. 앞으로도 유사한 사건이 끝없이 이어질 것이다. 병영의 가혹행위는 개인의 문제가 아니라 구조의 문제이기 때문이다. 군대도 사회의 축도다. 군인의 일상이 국민의 생활수준보다 너무 낮으면 안 된다.

병영생활의 여건을 판단함에 있어 과거와 현재는 비교 대상이 아니다. 현재의 기준으로 병영과 바깥세상을 비교해야 한다. 북한과 같이 국민의 일상을 옥죄는 나라에서는 제도적인 인권유린이 횡행하기 마련이다.

인권은 한 나라 국민이 합의하는 인간 존엄의 수준이다. 사회가 발전할수록 인권의 기준과 기대치가 높아진다. 오늘날 청년의 인권 감수성은 과거 세대의 기준으로 볼 때는 사치에 가깝다. 우리 사회가 진보했기 때문이다.

징병제의 치명적인 약점은 일생에 가장 중요한 시기에 청년을 바깥 세상과 단절시킨다는 점이다. 우리나라는 선진국에 비해 취학연령도 높고, 교육기간도 길다. 또한 OECD 국가 중에서 평균 경제활동 기간이 가장 짧다. 그 짧은 활동기간의 중심에 몇 년간의 군복무로 인해 커다란 공백이 발생한다.

오늘날 우리사회가 직면한 심각한 노년 빈곤 현상도 자세히 들여다보면 중요한 숨은 요인 중의 하나가 징병제일지 모른다. 근래 들어 우리나라는 세계 최저 수준의 출산율을 기록하고 있다. 인구절벽 상태가 눈앞에 닥쳐왔고, 이로 인해 심각한 병역 자원 부족 현상에 직면할 것이다.

이제 모병제의 장점을 충분히 살릴 때가 되었다. 모병제로 전환하면 수십만 개의 청년 일자리가 생긴다. 모병제는 군대를 양질의 직장으로 만드는 것이다. 모병제는 '헬조선'의 구호를 뇌까리면서 자조와 실의에 빠진 청년들의 삶에 획기적인 전기를 마련해줄 것이다.

현재 우리나라 군대의 사병은 독립된 지위와 인격체를 인정받지 못하는 인간 부품 상태를 면치 못한다. 사병 복무로 얻은 지식과 경험은 제대 후의 사회활동에서 전혀 자산이 되지 못한다. '군에서 썩는다'는 냉소적 표현이 국민적 공감을 얻는 데는 그만한 이유가 있다. 군복무

중에 쌓은 경력은 전역 후에도 자산이 되도록 하려면 모병제로 전환해야 한다.

뿐만 아니라 모병제는 군의 유지를 위한 사회적 비용도 적게 들며 병역과 관련된 각종 소모적 논쟁을 종식시킬 수 있다. 그동안 군 복무는 한국사회의 평등의 중요한 지표로 여겨져 왔다. 과거 상류층 자제들이 석연치 않은 이유로 군복무를 면제받았다는 의혹이 만연했고, 대통령 후보 자제의 군복무 문제가 여전히 중요한 정치적 이슈가 되는 것도 이러한 이유 때문이다. 모병제는 이러한 소모적인 사회갈등을 원천적으로 해소할 수 있다.

모병제는 양성평등의 이상을 정착시키는 데도 크게 기여할 것이다. 근래 들어 여러 서구 국가들이 모병제를 채택하면서 여군의 비율이 급격히 올라가 미국과 프랑스에서는 15% 선에 이르고, 영국이나 캐나다 등에서도 증가되는 추세다.

여군의 선호도가 높아지는 데는 유엔 평화유지군 활동의 비중이 커지는 영향 때문이기도 했다. 파견국 주민과의 유대를 강화하는 데 여성 군인이 장점이 많다. 최소한 성매매나 성폭력과 같은 전형적인 남자문화를 걱정하지 않아도 된다.

모병제는 여성의 취업 기회를 확대하는 중요한 기제가 된다. 저임금과 비정규직 등 고용 불안정의 주된 피해자인 여성에게 상대적으로 안정된 직장의 기회가 열려 있다. 군대가 가난한 남성의 공간이 된다는 것이 모병제에 대한 중요한 반대논리다. 그러나 여성은 상대적으로 많은 계층에서 군대를 선택한다. 직업적 안정성뿐만 아니라 여성에게는 드문 공적 권력자(군인)가 된다는 선망과 함께 독립적 삶을 기획하는 데 유익할 것이다.[14]

이러한 의식의 전환이 이루어지면 남는 것은 예산 문제다. 과연 얼마만큼 예산이 소요되는지, 우리나라의 재정 규모에 비추어 합당한 규모인지, 소요예산을 다른 예산과 어떻게 조화시킬 수 있는지, 진지한 논의가 필요할 것이다. 거창한 전래의 명분에 집착하지 말고 냉정하게 현실을 직시하고, 미래를 내다보는 전향적인 발상의 전환이 필요한 시점이다.[15]

신이 사라진 세상을
생각한다

사람이 절반은 보수, 절반은 진보일 수 있지만

절반은 가톨릭, 절반은 무슬림인 사람은 없다.

정치적 문제는 사안에 따라 타협 가능하지만,

종교나 인종 같은 개인의 정체성에 관한 문제는 타협이 불가능하다.

만약 신이 존재하지 않는다면

1970년대 초에 실제로 일어난 웃지 못할 일이다. 어느 대학 도서관이 종교학과의 요청에 따라 외국서적을 주문했다. 책의 제목은 《천국에 이르는 49가지 길》이었다. 그런데 정작 도착한 서적은 사진과 그림이 다채로운 성교 체위에 관한 도해서圖解書였다. 내세와 천국은 오랫동안 인간의 영혼을 호려왔던 환각이다. 앞으로도 사람들은 그 환각에서 좀체 벗어나기 힘들 것이다.

유발 하라리Yuval Noah Harari는 《사피엔스Sapiens》를 통해 인류사를 새로운 관점에서 조망할 것을 제안한다. 그는 호모 사피엔스가 다른 종들을 제압하고 만물의 영장으로 전 지구를 호령하게 된 이유는 눈에 보이지 않는 '가상의 질서'를 구축했기 때문이라고 말한다. 한 집단의 구성원이 몇 십 명 정도 규모라면 대면 접촉을 통해 이기적 행동을 제어할 수 있다. 그러나 평생 얼굴 한 번 맞대지 않고 사는 사람들의 숫자가 늘어나면 사정이 다르다.

그럼에도 인류는 동일한 질서와 규칙을 유지하는 집단의 규모를 수백만에서 수억에 이르는 단위로까지 확장할 수 있었다. 가상의 질서를 세웠기 때문이다. 화폐, 법률, 그리고 종교가 대표적 예다. 한 통계에 의하면 인류가 만들어낸 종교는 10만 개가 넘는다고 한다. 인도에는 특정 브랜드의 오토바이를 신으로 모시는 사람들도 있다. 태평양의 한 섬에서는 영국의 필립 공(에든버러 공)을 신으로 섬긴다.[16] 인터넷에서 신의 사이트를 접속하면 3천 개 이상의 목록에 연결된다. 사람들은 알려고 하기보다 믿으려고 한다. 그리고 자신의 믿음을 극대화시킨다.

"사람이 절반은 보수, 절반은 진보일 수 있다. 그러나 절반은 가톨릭, 절반은 무슬림인 사람은 없다. 정치적 문제는 사안에 따라 타협이 가능하지만 종교나 인종 같은 개인의 정체성에 관한 문제는 타협이 불가능하다."

한동안 세상을 흔들었던 새뮤얼 헌팅턴Samuel Huntington의 《문명의 충돌The Clash of Civilizations》에 나오는 구절이다. 사람들의 마음속에 자리한 신이 언제나 전지전능한 존재는 아니었다. 고대 그리스인들은 신에 저항할 수 있는 최종 카드를 손에 쥐고 있었다. 인도인과 페르시아인들도 신들을 굶어 죽게 할 권한을 유보해두었다. 스칸디나비아인의 신은 인간처럼 늙어간다.[17] 그러나 기독교인의 신은 전지전능하다. 고대인들은 자신의 고귀함을 지키기 위해 신의 한계 영역을 두었으나

기독교에서는 그 영역은 인간의 한계 내지 우매함을 나타내는 징표가 되고 말았다.[18]

유럽에서 르네상스 기운의 태동과 함께 기독교 신의 지위가 흔들리기 시작했다. 1792년, 프랑스에 혁명정부가 들어서면서 국가와 가톨릭교회 사이가 공식적으로 단절되었다. 사흘 후에 최초의 국립미술관이 탄생했다. 루브르궁전이 미술관으로 변하고, 수도원과 교회에서 약탈한 물건들로 채워졌다.[19]

"신은 죽었다!"

1882년, 니체는 그렇게 선언했다. 만약 신이 존재하지 않는다면 우주의 질서는 '자연적'인 것이다. 개인의 삶도 자연의 질서와 함께 그 무정형, 무질서의 지배를 받을 것이다. 니체는 종교의 기원은 인간의 '의견'을 신의 '계시'로 바꿈으로써 사상적 승리를 거두려는 종교적 인간의 책략과 연관되어 있다고 주장했다.

"자기에게 벅찬 환희를 불러오는 하나의 가설 내지 의견을 신에게 돌리고, 자신은 생각의 주인인 신의 도구 내지 수단인 것처럼 낮추지만 사실은 자신의 생각을 신의 것으로 만듦으로써 어떤 비판이나 회의도 허용하지 않는 절대적 지배를 위한 책략이다."[20]

인간의 이성과 과학의 발전에 의지한 니체의 선언에도 불구하고 인간세계에서 신은 쉽게 물러나지 않았다. 불안과 두려움, 그리고 무엇보다 관성과 인습의 포로가 된 사람들은 죽은 신을 대신할 새로운 존재를 갈구한다. 누가 신의 자리를 대신할 것인가? 니체는 정식으로 후계자를 지정하지 않았다. '허무주의', '영겁 회귀', '권력에의 의지'로 '초인'의 등극을 갈망했을 뿐이다.

니체의 선언 후 130여 년이 지난 오늘, 여전히 종교와 세속의 관계는 끈끈하다. 더러는 거북함으로, 더러는 전율적인 신비함으로 사람들은 신이 머물던 자리에서 눈을 떼지 못한다. 이른바 세속국가 현대가 직면한 가장 중요한 문제다.[21]

도스토옙스키, T. S. 엘리어트, 사무엘 베케트 같은 작가들은 신이 사라진 뒤 남겨진 황량한 세계를 바라보며 느끼는 참담함을 작품에 그렸다. 한때 사회주의가 새로운 신으로 떠오르기도 했다. 마르크스주의는 출발부터 대안적 종교 조직으로 고안된 것이었다. 초기 마르크스주의자들은 '전투적 무신론자 연맹'을 조직하여 종교적 유습을 '과학적 무신론'으로 대체하기 위해 진력했다. 그리하여 기독교 신을 제거한 공산주의가 새로운 종교가 된 것이다.[22]

니체의 종교 비판은 무신론자들의 경전이기도 하다. 마르크스주의자가 아니더라도 진정한 지식인은 무신론자라야 한다는 믿음이 탄생하기도 했다. 신의 이름으로 목숨을 걸고 저지른 불합리하고도 잔혹한 행위들을 보면서 무신론자들은 은근한 자부심을 느끼기도 한다. 지식인은 제도에 대해 기질적인 의구심을 지니고 산다. 이런 의구심은 19세기 이후로 생활 전반에 영향을 미친 낭만주의 사조로 인해 더욱 강화되었다. 낭만주의는 제도의 경직성과 비대함, 부패와 무능을 조롱하는 법도 가르쳤다. 다음은 알랭 드 보통의 해설이다.

"지식인의 이상은 어떤 제도의 속박도 받지 않는 자유로운 영혼을 지닌 사람, 돈을 혐오하는 사람, 실생활과 동떨어진 사람, 그리고 대차대조표를 읽을 줄 모른다는 사실에 은근한 자부심을 느끼는 사람이다."

낭만주의는 시대와 나라에 따라 매우 넓은 스펙트럼으로 나타난다. 문학이나 미학에서부터 사회체제에 대한 비판적 세계관에 이르기까지 매우 광범한 영역을 포괄한다. 낭만주의가 대체로 부정적인 의미로 인식되는 것은 인간의 정신을 구속하는 억압에 대한 원천적 저항과 비판의식을 내장하고 있음에도 불구하고 그 대응 방식의 개인주의적 성격 때문이다.[23]

인권은 권리가 아니라 의무다

모든 종교는 인간은 누구나 현세의 삶에서 타인에게 의무를 진다는 사실을 환기시킨다. 이 문제는 인권 관념의 태동과 발전에도 연계되어 있다. 한마디로 말해 '인권'이라는 관념은 당초 권리가 아니라 '의무'에서 생성되었다. 기독교 경전, 구약성서 〈창세기〉에 기록된 '인류 최초의 살인', 카인과 아벨의 예를 들어 설명할 수 있다. 형은 응당 아우의 지킴이 노릇을 해야 한다고 생각한 여호와는 카인에게 벌을 내린다.

기독교뿐만 아니다. 모든 종교의 가르침은 동일하다. 즉, 다른 사람의 지킴이가 되라는 것이다. 그중에서도 병자, 여성, 어린이, 장애인, 이방인 등 특별한 배려가 필요한 사회적 약자를 보살피라는 주문이다. 한마디로 인권은 이웃의 지킴이 역할을 함으로써 공동체의 평화와 발전을 도모할 의무에서 파생된 상대방의 권리인 것이다. 이렇듯 인권 관념의 형성과 발전에 종교가 기여한 공로는 매우 크다.

종교도 인간의 발명품이다. 신의 존재를 확인한 것도 인간이다. 종교는 인간이라는 동물의 종에 특유한 것이다. 종교에 치명타를 가한 것은 과학이다. 과학이 가져다준 혜택의 하나는 현상들에 대한 폭넓은 합의를 이루어냄으로써 우리가 찾아낼 진실이 존재한다는 확신을 갖게 하는 점이다. 진화생물학자 에드워드 윌슨Edward Wilson은 인간에게는 순응과 신성화를 지향하는 유전적 소인이 존재한다고 주장한다.[24]

진화생물학의 입장에서는 종교도 자연적인 현상의 하나다. 다른 모든 것과 마찬가지로 종교도 진화를 거듭해왔고, 따라서 우리의 도덕적 삶 역시 어떤 신성한 영역이나 정신 속에 뿌리를 둔 것이 아니라 진화해온 자연현상에 불과하다. 진화의 세부적 과정을 들여다보며 신에게 묻지 않고도 공동체를 영위할 방법을 배울 수 있다. 즉 과학은 인간조건의 새로운 양상을 발견하거나 수정해왔고 인간세계에 유익한 방향으로 조정해왔다. 더 이상 신이 필요하지 않게 된 이유다.[25]

신을 믿지 않는 사람도 종교인이 될 수 있다. 몇 해 전에 사망한 법철학자 로널드 드워킨Ronald Dworkin은 '종교적 무신론'을 주장했다. 종교란 반드시 신에 대한 믿음만을 의미하는 것이 아니라 인간 삶의 교적 입장을 견지했다. 그는 비이성적인 종교가 삶의 가치를 깎아내리고 현실세계를 망상적으로 왜곡한다고 판단했다. 따라서 인간이 성숙하려면 종교라는 환상에서 벗어나야 한다고 주장했다. 한마디로 신은 존재하지 않으며 종교란 인류의 보편적 강박증의 표현이라고 단정했다.

반면에 융은 종교에 대해 긍정적인 입장을 취했다. 그는 인간심성의 '원형'이라는 개념을 도입했다. 원형이란 '시간과 공간, 문화적 차이에 관계없이 떠오르는 기본적이고 보편적인 이미지'를 의미하는데 종교적인 본능이 이에 해당된다고 주장했다.[30] 현대의 많은 지식인들은 프로이트와 융의 중간 지점에서 어정쩡하게 서 있는 것 같다. 머리로는 종교를 생각하나 마음으로는 선뜻 받아들이지 못하는 상태에 머무르고 있는 것이다.[31]

대한민국은 세속국가다

파블로 피카소가 남긴 그림 중에 가장 널리 알려진 작품은 단연 〈게르니카Guernica〉일 것이다. 나치 독일의 무차별 폭격에 스페인의 한 작은 도시가 아수라장이 되는 모습을 생생하게 그렸다. 그런데 피카소의 작품 중에 〈게르니카〉에 버금가는 잔혹한 그림이 있다. 그의 1951년도 작품 〈한국에서의 학살Massacre en Corée〉이다. 한때 공산주의자였던 피카소는 로봇 형상을 한 군인들이 도열하여 양민에게 총을 겨누는 장면을 그렸다. 가해자가 한국전에 참전한 미군임을 암시하는 정황이 짙다.

황석영의 소설《손님》은 이 땅에서 기독교와 사회주의의 대결이 불러들인 비극을 다루었다. 한반도 땅에서 두 '손님'이 제각기 주인 행세를 하며 서로 쟁투를 벌인다. 이들 외래객은 다름 아닌 기독교와 공산주의다. 그런데 한 손님은 주인의 환대 속에 남녘땅에 정착했다. 북녘을 장악한 다른 손님은 주인을 몰아내고 공포의 왕국을 건설했다. 당초부터 두 손님은 서로 공존이 불가능한 적이었다. 남북한의 평화적 공존과 통일에 기독교가 어떤 방식으로 기여할 수 있을지 새삼 고민해야 할 것이다.

대한민국은 헌법학의 용어로 '세속국가'다. 우리 헌법 제20조는 '모든 국민은 종교의 자유를 가진다. 국교는 인정되지 아니하며 종교와 정치는 분리된다'고 규정한다. 헌법의 규정과 정신대로 특정 종교를 믿을 자유도, 어떤 종교도 믿지 않을 자유가 있다. 따라서 모든 종교가 다른 종교의 교리와 신앙을 존중해야 한다. 지극히 상식적인 법리다.

다행스럽게 한국사회는 종교 간의 갈등이 비교적 적은 편이다. 만약 우리나라처럼 갈등을 조정하는 지혜와 사회적 제도가 취약한 나라에서 종교적 갈등이 첨예했더라면 감당하기 힘들었을 것이다. 근래 들어 한국사회에서 이슬람교도의 불안이 가중되고 있다. 세계가 기독교 대 이슬람 사이의 전쟁의 양상을 띠면서 무슬림에 대한 편견이 강화되고

아날로그, 길을 잃다

"과거에는 사람이 할 수 있는 일이 극도로 제한되어 있었다. 하지만 지식이 늘어날 때마다 할 수 있는 일도 그만큼 증가했다. 오늘날 과학의 세계에서는 나쁜 사람은 우리 조상들이 상상했던 것보다 훨씬 더 해로운 짓을 하고, 착한 사람은 훨씬 더 좋은 일을 할 수 있다. 장래에는 더욱더 그럴 것이다."

20세기 영국의 철학자 버트런드 러셀의 말이다. 2차 세계대전 이후 기술적 팽창이 절정에 이르렀을 때, 러셀은 단순한 지식을 넘어선 지혜의 획득과 축적이 절실하다고 주장했다. 그는 지혜란 지식에 더하여 의지와 감정이 결합된 것으로 보고 지혜의 성장이 수반되지 않은 지식의 성장은 더욱 위험하다고 경고했다.[38]

한국사회에서 세대를 극명하게 갈라놓는 기준은 '디지털 친밀도'이다. 젊은이들의 영토인 도심 커피점 풍경이 그렇다. 저마다 커피 잔을 앞에 놓고 스마트폰이나 노트북을 들여다본다. 지하철도 마찬가지다. 어쩌다 조심스럽게 종이신문이라도 펴들면 사방에서 눈초리가 날아든다. 대학 수업과 가족 식탁에서도 양상은 마찬가지다. 심지어 맞선 보는 자리에서도 젊은이들의 눈은 스마트폰에 붙박여 있다고 한다. 인터넷은 21세기 새로운 문화를 여는 핵심 기재다. 그러나 문화의 발생사적 '원형'의 관점에서 볼 때는 예상치 못한 변종이 틀림없다.

"문화산업이란 말이 있지만, 문화의 본질은 공산품이 아니라 농작물이다. 근대 이후의 산업화 과정은 한마디로 탈신화脫神化와 물신화物神化의 과정이다. 인간의 내부에 있는 '자연'을 파괴하는 동시에 외부의 자연마저 허물고 그 자리에 '과자로 된 산'을 쌓아올리는 과정이었다. 앞으로 예상되는 영상문화와 가상문화cyber-culture에 이르게 되면, 문화가 과연 무엇이며 이러한 문화가 앞으로 우리의 삶과 사람에게 무엇이 될 것인가를 묻지 않을 수 없게 된다."

인터넷 문화를 배우려다 말고 떠난 고전적 인문주의자 신영복은 《더불어 숲》에서 이렇게 성찰했다.

내 주변인물 중에 아직도 완강하게 스마트폰을 거부하는 사람이 더러 있다. 스마트폰은 장점보다 단점, 편리함보다 불편함이 더 많기 때문이라고 한다. 그러면서도 전혀 불편함을 느끼지 않는다고 한다. 원하기만 하면 언제나 스마트 체제로 전환할 수 있다고 믿는다. 말하자면 디지털 폰을 '못하는' 것이 아니라 '안 하기로 선택한' 것이다. 허먼 멜빌Herman Melville의 명작《바틀비Bartleby, the Scrivener》의 주인공 필경사의 대사를 연상시킨다.

"차라리 안 하는 편을 택하겠어요."

이 유명한 문구는 금융자본주의의 본산인 월스트리트의 법률가 사무실에서 붙박이 집기처럼 살면서 세상과의 일체의 소통을 거부한 채 죽음을 선택하는 소외된 인간의 절규다.[39] 이른바 '아날로그 세대'는 디지털 뱅킹은 고사하고 기차표와 영화티켓도 현장 구매를 고집한다. 눈으로 직접 거래 상대를 확인하지 못하면 안심이 되지 않는다. 그래도 신용카드는 쓰고, 현금인출기는 사용한다. 몇 년 후면 종이통장이 사라진다고 해서 걱정이다. 그나마 고령자는 원하는 경우에 발급해준다고 하니 위안이 된다.

현대인은 누구나 신경쇠약 증상을 보인다. 젊은이들은 중증이다. 전문가의 지적에 의하면 삶의 속도가 빨라졌기 때문이라고 한다. 인간의 신체는 수백만 년에 걸쳐 걷는 속도에 맞추어 진화되어 왔다. 그런데 20세기 동안 각종 문명의 이기의 발달로 인해 소화해야 할 정보의 양이 100배나 늘어났다. 20세기 말 이후로 정보는 수만 배로 급등했다. 인터넷의 출현 때문이다. 이제 세계 인류는 너 나 할 것 없이 사이버 정보전쟁에 징집된 것이다.

선봉에 나선 신세대의 뒤를 따라 구세대도 자원입대한다. 원하는 정보에 쉽게 접근하는 편리함이 경이롭다. 그러나 폐해는 더욱 심각하다. 우선 기존의 문자와 이성의 세계가 무너진다. 책도, 종이신문도 사이버 세대에게는 M-1소총만큼 낡은 무기다. 반면 신무기 영상의 완벽한 지배체제가 구축되었다. 게임과 포르노가 대표적 예다. 성서, 셰익스피어, 우주선의 화성 착륙, 올림픽, 그 어느 것도 게임이나 포르노의 경쟁 상대가 되지 않는다.

남자들이 주된 피해자다. 게임과 포르노는 청년의 사회적 경쟁력을 떨어뜨린다. 근래 들어 모든 분야에서 여성의 약진이 돋보인다. 여성의 재능과 노력 못지않게 사이버 세대 남성의 나태, 방만, 일탈의 반사적 효과도 적지 않다.

세계 제1의 인터넷 강국인 한국의 청년들의 삶은 더욱 힘들다. 세계 제일의 청년 자살률은 우연이 아니다.

인터넷 포르노 사이트를 접속하는 남녀의 비율은 20대 1이라는 통계가 있다. 어떻게 보면 인터넷 전체가 포르노나 다름이 없다. 휴대전화와 태블릿PC 등의 발달로 인해 언제 어디서나 쉽게 포르노에 접근할 수 있다. 국경을 무너뜨린 포르노 업체들은 IT 업체와 동맹을 맺고 남자들의 생리적 설계를 부당하게 이용한다.

남자들의 정신은 원래는 원주민 여성의 벗은 몸을 보고도 별반 성욕을 느끼지 않도록 설계되어 있지만, 포르노 앞에서는 통제 불능이 되는 구조적 결함이 있다. 만사를 제쳐두고 잠시(때로는 몇 시간) 포르노 사이트에 은거하고 싶어 하는 사내의 욕망은 통제하기 힘들다.[40]

기존의 법과 도덕체계는 상시 대면하는 사회를 전제로 구축되었다. 그래서 사람들은 가상의 세계에서 벌인 행위에 대해 윤리적 구속감을 덜 느낀다. 인터넷이 일반화되면서 새로운 유형의 범죄가 양산되었다.

사이버 범죄는 '지능 범죄'로 분류된다.

익명성과 신속성을 특징으로 하는 인터넷 정보는 파급 효과가 엄청나다. 아날로그 세대는 사이버 세대의 윤리적 둔감과 도덕적 일탈을 비난한다. 구세대의 불평은 정적 사회에서 동적 사회로 전환하는 세태에 적응하기 힘든 생체리듬 때문에 더욱 가중된다. 기존 체제의 보루인 법도 변모될 수밖에 없다. 전통적인 의미의 언론의 자유라는 법리가 인터넷 시대에 어떻게 변용되어야 할 것인가는 법률가들에게 주어진 최대의 난제가 되었다.

사이보그 시티즌

1960년, '사이보그cyborg'라는 신조어가 세상에 탄생했다.[41] 뇌 이외의 신체, 즉 수족과 내장 등을 교체한 개조인간으로 생물과 기계장치의 결합체를 뜻한다. 미술의 세계에서는 이미 사이보그 작품이 탄생해 있었다.

1927년 멕시코의 거장 디에고 리베라Diego Rivera가 샌프란시스코 시립대학에 그린 벽화 〈아메리카의 화합〉은 몸통의 절반은 인디언이고, 나머지 절반은 로봇 기계인 여자 거인이 세상을 지배하는 모습이다. 작가 스스로 이 작품을 일러 남아메리카의 종교적 열정과 감수성 짙은 표현력에 담긴 천재성과 북아메리카의 창조적이고 기계적인 폭발력과 융

합된 엄청난 생명의 도가니'를 그린 것이라고 해설을 달았다.[42]

언제부턴가 사람들은 지구를 일러 하나의 사이보그 시스템으로 부르기 시작했다. 1985년 미국의 사회학자 도나 해러웨이Donna Haraway는 '사이보그 권리선언A Cyborg Manifesto'이라는 논문에서 생물권은 자기조절 시스템이라고 주장했다. 그녀의 선언에는 사이보그 세계의 '10계명'이 담겨 있다.[43] 여행의 자유, 전자적 발언의 자유 등과 함께 자살할 권리와 성적 자율권과 같은 새로운 자유와 권리가 포함된 것이다.

'사물인터넷IOT'의 등장은 현대인의 일상을 초현대적 기술세계로 인도할 것이다. 네트워크로 연결된 '사물'에는 스마트폰과 같은 자율적 연결 장비에서부터 택배회사 트럭과 화물 컨테이너, 애완동물, 가축, 자동차, 온도 조절 장치, 세탁기, 헬멧 등 인간의 일상생활에 소요되는 일체의 장비와 여건이 망라된다.

나아가 소형화된 스마트폰이 사람의 뇌와 직접 연결된 사회를 상상해보자. 이런 기술을 가리켜 '뉴로미디어neuromedia'라 부르는데, 이런 기술을 활용하면 마음속으로 단 한번만 지시를 내리면 어떤 주제에 관한 정보도 접속할 수 있을 것이다.[44]

1987년에부터 1994년까지 미국에서 방영된 TV 드라마 〈스타 트렉: 더 넥스트 제너레이션Star Track: The Next Generation〉은 24세기를 배경으로 삼았다. 극중에 흥미로운 재판 장면이 등장한다. 안드로이드인 데이터가 단순한 물체인지, 아니면 권리의 주체인 시민인지를 결정하는 재판이다. 데이터의 피부는 생물학적 구조물이고, 그의 의식은 그를 제조한 인간들의 기억에서 추출한 패턴에 근거한다.

데이터가 유기적 세계의 일부를 빌려다 만든, 기술적으로 매우 정교한 로봇 이상의 존재인지는 분명치 않다. 그러나 그는 인간이 되기를 갈망한다. 데이터의 재판은 그를 해체해서 작동 방식을 알아내고 싶어 하는 행성연방의 한 야망에 불타는 과학자의 책략에서 비롯된다. 데이터의 친구들이 증언에 나서지만 설득에 실패했다. 법정에서 데이터는 인간 여성과 성관계를 가졌다고 고백하고 정식 시민으로 인정받는다.[45] 이제 인간과 기계의 구분 자체가 모호해진 것이다.[46]

인터넷 속에서의 남녀전쟁

인터넷은 인간의 지식 습득 방식에 혁명을 일으켰다. 문자가 우리에게 시간 여행을 가능하게 한다면 인터넷은 공간 이동을 가능하게 한다. 철학자 마이클 린치Michael Lynch의 말을 빌리면 '구글 지식google knowing'이 그렇다. 이는 단순히 검색엔진을 통해 얻은 지식을 의미할 뿐만 아니라 지식을 습득하는 방식에 본질적 변화가 생겼음을 말해준다.

구글 지식는 장점만큼 폐해도 많다. 정보 수집과 전파의 속도가 빨라지면서 여론의 급격한 응집과 와해 현상이 반복된다. 속도가 너무 빠르기 때문에 이성적 판단을 위한 성찰의 기회를 허락하지 않는다.

명백하게 그릇된 정보도 쉽게 진실로 받아들여지고, 순식간에 퍼진다. 자신이 믿고 싶은 것만 믿고, 그 믿음을 뒷받침해주는 사실만을 수집하는 편향을 더욱 강화시킨다. 눈과 손가락만 기민해질 뿐 뇌는 급격하게 퇴화되어 간다. 성찰이 수반되지 않는 정보는 사람들을 성급한 결론으로 이끈다.

합리적 근거가 취약한 의견은 설령 진실이라 해도 공동체를 파괴하는 경향을 띤다. 대중은 다수의 입장을 맹목으로 추종하는 '집단 극화group polarization'에 익숙하다.

인터넷은 이제 현대인의 삶 그 자체가 되었다. 동시에 여론의 극단화 현상을 이끄는 '네트워크 악마'로서의 이빨도 노골적으로 드러내고 있다. 인터넷 정보의 정확성에 대한 의심과 질문이 더 많아져야 한다. 영국왕립학회의 다음과 같은 좌우명이 더없이 적확한 곳이 인터넷 마당이다.[47]

"누구의 말도 곧이곧대로 믿지 말라nullius in verba!"

인터넷상에서 벌어지는 남녀의 치열한 논쟁은 대체로 남자의 패배로 종결되기 십상이다. 블로그나 페이스북에 올린 여성의 메시지는 남자보다 훨씬 더 정서적인 호소력이 강하다. 일례로 여성의 메시지에는 이모티콘이나 넓게 비워둔 행간이 많다. 읽을 사람의 입장을 고려하는 친절함이다. 여자 뇌의 특징인 '공감' 능력과 관련되어 있다.[48] 이와는 대조적으로 이론적이고 체계적인 남자 뇌는 문자나 언어 자체에 의미를 부여한다. 그리고 여자에 비해 극심한 속어와 비어를 사용함으로써 전달하고자 하는 정보의 신빙성을 약화시킨다.

2016년 봄에 일어난 일이다. 페이스북 페이지 '메갈리아4'가 제작한 여성주의 티셔츠가 널리 유포되었다. '여성은 왕자를 필요로 하지 않는다GIRLS Do Not Need A PRINCE'라는 슬로건이 적혀 있었다. 페이스북 측이 '메갈리아2', '메갈리아3' 등 여성주의 페이지를 일방적으로 폐쇄한 데 대한 항의 프로젝트였다. 아마도 남성우월주의자들의 압력이 작용했을 것이라는 강한 의심이 들었던 것 같다. 결과는 메갈리아 여성 군단의 대성공이었다.

'스타벅스 전투'에서도 여성의 승리는 주목할 만하다. 커피 전문점 스타벅스가 2015년 10월부터 1년 동안 대통령 특별휴가를 얻은 국군장병을 대상으로 커피 한 잔을 무료로 제공하는 이벤트를 벌였다. 그러자 여성고객들이 조직적인 항의에 나섰다. 여성에 대한 차별이라는 것이다. 또한 2016년 5월 지하철 강남역 여자화장실에서 벌어진 '묻지 마 살인사건'도 인터넷 여성들의 결집을 촉구하는 계기로 확산되었다.

인터넷은 개인 사이의 은밀한 만남의 공간을 제공하기도 한다. 인터넷 앱을 통한 이용한 '셀프 소개팅'이 젊은 남녀들 사이에 인기를 끌고 있다. 2016년 7월 27일 현재 구글 앱스토어에 등록된 한국어 소개팅 앱은 200개가 넘고, 이용자 수는 수백만에 달한다고 한다. 미국 메이저리그에 진출한 야구선수 강정호도 시카고에서 이런 데이트 앱을 통해 여성을 만난 것으로 알려졌다. 그러나 이런 앱은 회원의 신상을 검증하는 기능이 약하기 때문에 범죄에 악용되기도 쉽고,[49] 대부분의 피해자는 여성이 될 위험이 높다.

국제정치에도 네티즌들의 비중이 늘어난다. 때때로 정부가 네티즌들의 부분별한 애국심을 부추기거나 편승하기도 한다. 중국 네티즌들의 사이버 인민재판은 숫자의 위력 때문에라도 파급 효과가 크다. 2016년 1월, 타이완 총선거를 며칠 앞두고 타이완 출신의 아이돌 가수 쯔위周子瑜가 과거에 자기 나라 국기를 손에 들고 한국 방송에 출연한 사실이 알려졌다. 해당 방송사에게나 그녀에게는 너무나 자연스러운 일이었다.

이에 중국 네티즌들은 쯔위가 소속된 JYP 가수들의 중국 콘서트를 보이콧하겠다며 협박했다. 협박에 굴복한 박진영 JYP 대표가 중국 팬들에게 공개적으로 사과했고, 쯔위도 눈물을 흘리며 자신의 '철모르는' 행동을 사죄했다. 이렇듯 황당한 소식을 접한 타이완 청년들이 들고 일어났다. 청년들은 위세대의 해묵은 반한反韓 정서를 다시 불 지폈다. 그러고는 조직적인 선거 참여 운동을 벌여 베이징 정부에 맞서 자주적인 입장을 취한 민진당의 차잉원蔡英文 후보를 총통에 당선시키는 데 결정적으로 기여했다.

삶이 황망할수록 속도를 늦추어라

2016년 초, 세계인의 주목 속에 인공지능 알파고와 한국의 천재기사 이세돌 사이에 바둑 대결이 벌어졌다. 당초의 기대와 예상을 뒤엎고 알파고가 압승을 거두자, 바둑 팬들은 엄청난 충격에 빠졌다. 바둑 애호가들만이 아니었다. 많은 사람들이 과학이 자신의 일상을 지배할 장래에 대한 불안을 감추지 못했다.

머지않아 직업의 종류와 판도에도 큰 변화가 생길 것이 분명하다. 사람의 두뇌와 수족으로 움직이는 많은 일이 기계로 대체될 것이다. 문헌의 조사와 분석에는 인공지능이 인간을 압도할 것은 의문의 여지가 없다. 그러니 법률가의 절반 이상은 기계로 대체될 것이다. 재판은 원칙적으로 로봇판사의 몫이고, 당사자가 달리 선택하는 경우에만 인간의 재판을 받는 사법제도를 소개하는 소설이 출간된 지도 오래다. 의학적 진단과 시술도 로봇이 주도할 것이다. 자연스럽게 많은 나라에서 전형적인 인기 직업에 속했던 법률가와 의사의 지위도 크게 달라질 것이다.

한 사람의 일생 동안에도 사라진 직업들이 많다. 우리나라의 경우도 전화교환수, 여차장, 검표원 등 근대와 현대를 치열하게 살았던 소시민들의 많은 직업들이 역사 속으로 물러났다.[50] 앞으로는 더욱더 그럴 것이다.

더 이상 확실한 성공을 보장하는 직업은 없다. 그리고 젊은 세대는 무엇을 해도 아버지 세대만큼의 성취를 기대할 수 없다. 사회가 복잡해졌고 쟁쟁도 치열해졌다. 게다가 글로벌 자본주의의 팽창으로 인해 전통적 윤리와 도덕으로는 감당할 수 없는 각종 악덕 속에 고스란히 노출되어 있다.

한마디로 젊은이들에게 장래의 성공은 우연에 가까운 것, 예측 불능 그 자체이다. 그 대신 위세대와는 달리 무엇을 해도 굶어 죽을 염려는 없다. 복지국가의 이념은 절대로 내팽개칠 수 없는 대한민국 헌법의 이상이다. 국가는 그 어느 국민도 굶어 죽지는 않게 해줄 최소한의 의무가 있다. 아무리 냉담한 정권이 들어서도 이 의무만은 결코 외면할 수 없다.

그러니 자신이 좋아하는 일, 나름대로 삶의 가치를 부여할 수 있는 일을 찾도록 하라. 자신이 좋아하는 일, 그것이 바로 자신의 직업이 될 것이다. 밤하늘 은하계를 밝히는 크고 작은 무수한 별들 중에 자신만의 별을 찾는 노력을 아끼지 말라. 그러면 행복이 외면하지 않을 것이다.

무엇보다 의식적으로 삶의 속도를 늦추는 훈련을 해야 한다. 우리의 머릿속에는 권태가 비집고 들어갈 자리가 없으면 삶이 급박해진다. 풍요로운 정신적 삶을 위해서는 사색과 산책이 중요하다는 이야기는 진부할 정도의 삶의 잠언이다. 그러니 자신의 뇌에 휴식을 주어라!

루소의 《고독한 산책자의 꿈Les Rêveries du Promeneur solitaire》은 너무나 유명한 산책 철학의 고전이다. 현대인에게 정신질환이 많아진 큰 이유는 누적된 일상의 긴장과 조바심 때문이다. 그래서 이따금씩

'멍 때리기'가 필요한 것이다. 근래 들어 새삼 고전과 인문학을 강조하는 이유도 바로 그 느린 속도 때문이다. 인문학은 절대로 단기에 완성할 수 없다. 고전은 반짝하는 베스트셀러가 아니다. 장구한 세월 동안 많은 사람들의 입김과 손때가 묻어 전승되어온 삶의 지혜서이다.

지난 수십 년 동안 한국사회는 숨 가쁘게 달려왔다. 경제성장과 물질적 풍요가 자유롭고 정의로운 세상에 이르는 첩경일 것이라 믿기도 했다. 그 과정을 함께 해온 세대는 자신들이 만든 대한민국은 성공한 나라라는 자부심과 자족감에도 차 있었다. 그리고 그 성공이 대물림될 것임을 의심치 않았다. 이제 그 생각을 바꾸어야 한다. 화려한 성공의 외향 뒤에 짙게 드리운 그림자에도 눈길을 주어야 하다. 앞만 보고 혼자 달릴 게 아니라 옆을 돌아보며 함께 걸어가는 미덕을 배양해야 한다.

기계문명에 지친 심신의 치료법은 의외로 간단하게 그냥 '걷는 것'이라고 전문가들은 말한다. 한국인에게 더 없이 절실한 충고다. 그동안 우리는 어디서나 조급했다. 휴식과 재충전을 위해 나선다는 해외여행에서도 며칠 만에 몇 나라를 돌며 쉴 새 없이 사진만 찍어대는 과시용 단기 실적주의의 포로가 되었다. 근래 들어 슬로 시티, 느린 삶, 올레길, 둘레길, 힐링이 새로운 유행어가 된 이유가 있다.

"달리는 수레 위에서는 공자도 없다."

한비자韓非子의 명언이다. 삶이 황망할수록 속도를 늦추어야 한다. 청년 세대의 일상에 스마트폰과 노트북 못지않게 산책과 사색이 중요

하다. 자녀를 모두 출가시킨 중년 여성과 은퇴한 노인들이 대부분인
주말 등산과 아침 산책에 어린이와 젊은이가 동참하는 나라가 되어야
만 대한민국의 장래가 한층 밝고 풍요로워질 것이다.

PART 4

남자의 눈물

모두가
힘들다

나더러 왜 조국을 사랑하지 않느냐고 하던데,

조국도 나를 사랑하지 않았거든. 내 조국은 자기 자신을 사랑했지.

그래서 자기의 영광을 드러내줄 구성원을 아꼈지.

김연아라든가, 삼성전자라든가.

모두가 힘든 세월을 보내고 있다

얼굴을 들어 하늘을 바라보니 하늘 또한 힘들다 하네.

명나라 말기의 시인 정호程顥의 명구다. 힘들지 않은 세대는 없다. 제각기 힘든 사연이 다를 뿐이다. 《아프니까 청춘이다》라는 책이 2010년경에 청년 세대를 세차게 휩쓴 적이 있다. 이웃나라들에도 번역되어 큰 인기를 누렸다고 한다. 《아프니까 중년이다》라는 제목의 책이 출간되는 등 '아프니까 시리즈'가 뒤를 이었다.

아프지 않고 힘들지 않은 세대는 없다. 노인은 노인대로, 중년은 중년대로, 청년은 청년대로 힘든 일상이다. 심지어 어린아이들조차도 시달리는 한국인의 삶이다. 새삼 찰스 디킨즈Charles Dickens의 명작 《두 도시 이야기A Tale of Two Cities》의 첫 구절이 입가에 맴돈다.

"최고의 시절이자 최악의 시절이었다. 지혜의 시대이자 몽매의 시대였다. 믿음의 세월인가 하면 불신의 세월이었다. 광명의 계절인 동시에 암흑의 계절이었다. 희망의 봄이 곧바로 절망의 겨울이었다. 우리 앞에 모든 것이 마련되어 있는가 했으나 실제로는 아무것도 이룰 수 없었다. 우리 모두가 천국의 길 문턱에 서 있는 듯싶었으나 실은 지옥을 향해 곤두박질치고 있었다."

일본 불교 진언종眞言宗의 창시자인 쿠우카이空海는 이런 말을 남겼다.

세상에 나가자니 재능이 부족하고
물러나 수행하자니 삶이 쪼들리고
나아갈 수도 물러설 수도 없으니
나오는 건 한숨뿐일세.

그는 관립학교에서 유학을 공부하며 관직에 뜻을 두었다가 불교에 심취하여 출가한 고승이었다. 천 수백 년 전 고승의 구절이 21세기 대학생의 지친 삶을 위로하기 위해 동원된 것은 의미심장하다.[1] 대학생은 이중적 의미에서 노동자다. 첫째, 많은 대학생들이 재학 중에 의식주를 해결하기 위해 일하지 않으면 안 된다. 둘째, 자본주의 아래서 교육이라는 상품체제를 유지하기 위해 대학생은 불가결의 요소로 존재한다. 대학생의 지속적 활동과 창의와 인내가 없으면 대학은 존재할 수 없다.[2]

학생도 사회적 노동자다. 그런데도 모두 묵묵히 공짜 노동을 하고 있다. 이것은 명백한 착취다. 1960년대 말, 세계적으로 학생운동 바람이 몰아쳤다. 특히 이탈리아 학생운동은 '학생 임금'을 슬로건으로 내걸었다. 1967년 2월, 피사대학 학생들은 대학을 점거하고 '피사 테제Pisa Theses'라는 강령을 발표했다. 요지는 이랬다.

"오늘날 자본주의는 고도의 선진기술을 바탕으로 하여 일상생활이 이루어진다. 많은 업무가 대학 수준의 지식을 요구하기에 대학생은 중요한 노동자다. 대학생은 차세대 노동자에 그치지 않고 자본주의를 지탱하기 위한 현재의 노동자가 되어 있다. 그렇다면 지금 대학생이 요구해야 하는 것은 무엇인가? '학생에게 임금을!'"

1960년대 말에 유럽 전역과 일본에서 격렬하게 전개되었던 '대학 점거 파업'의 이념적 배경이다. 대학이라는 자본주의 기계를 파괴하기 위한 현대판 러다이트 운동Luddite Movement이자 문화적 저항운동이었다.[3]

대한민국 국민에게 대학은 피하기 힘든 도박이다. 보통 사람에게는 보상이 예측 가능한, 미래를 위한 유일한 투자다. 대학은 직장을 위한 예비학교다. 수업료는 판돈이고, 장차 판돈보다 많은 돈을 벌게 되면 승리한 도박이 된다.

그러나 대학은 경제와 노동의 측면만 있는 것이 아니다. 한때 독일에서는 대학을 '자유와 고독Freiheit und Einsamkeit'의 장으로 불렀다. 말로는 설명할 수 없는 대학의 매력이 있다. 아무런 보상도 없다는 것을 알면서도 동아리 활동에 몰두한다. 4년간 동아리 방에서 빈둥빈둥거리며 술이나 마시고 연애에 미쳐 있거나 영화, 음악, 독서, 토론, 때로는 나름 과격한 정치활동에 빠지기도 한다.

수천만 원의 수업료를 내면서 빚에 찌든 학생도 있다. 그런데 판돈을 되찾을 생각도 않고, 구직활동도 하지 않는다. '취직=성공'이라는 도식에서 볼 때는 너무나 위험한 일이고 정체된 것처럼 보인다. 그러나 이렇듯 정체된 시간에서 자기계발과는 무관한 전혀 다른 도박이 시작된다. 자신이 하고 싶은 일을 스스로 찾아낼 때까지 천천히 생각하는 일, 그리고 그것을 하고 싶을 때 시작하는 일, 자신이 삶의 주인공이라는 느낌, 그 주인의식에 따르는 책임의식을 깨치게 되는 순간에 비로소 인생의 주인공이 된다. 이렇듯 불안정해 보이는 도박, 그런 도박이야말로 소중한 인생교육인 것이다.[4]

헬조선 대 노오력

'헬조선'과 '노오력'이라는 두 가지 단어만큼 한국사회에서 세대 차이를 절감하게 하는 어휘가 어디 또 있을까? 불과 몇 십 년 만에 잿더미 위에 마천루 도시를 건설한 기적의 나라 대한민국을 지옥으로 부르는 청년 세대다.

기성세대가 듣기에는 고약한 놈들이다. 힘들여 세운 자랑스러운 나라에 태어나 온갖 혜택을 누리는 너희가 아니냐. 호강에 겨워 그따위 잠꼬대를 뇌까리다니! 아무리 여건이 나빠도 성실하게 노력만 하면 이루지 못할 것이 없다. 네가 실패한 것은 '노오력'이 부족하기 때문이다. 기성세대의 질책이다. 그러나 젊은 세대의 귓전에는 꼰대들의 잔소리는 잠꼬대에 불과하다. 2015년에 정강명의 소설《한국이 싫어서》가 베스트셀러가 되었다. 무엇보다 제목 때문이라고 한다.

"나더러 왜 조국을 사랑하지 않느냐고 하던데, 조국도 나를 사랑하지 않았거든. 솔직히 나라는 존재에 무관심했잖아? 내 조국은 자기 자신을 사랑했지. 대한민국이라는 나라 그 자체를. 그래서 자기의 영광을 드러내줄 구성원을 아꼈지. 김연아라든가, 삼성전자라든가. 그리고 못난 사람들한테는 주로 '나라 망신'이라는 딱지를 붙여줬어."

주인공 계나는 이렇게 말한다. 왜 한국을 떠났느냐는 물음에 두 마디로 하면 '한국이 싫어서', 세 마디로 하면 '여기서는 못 살겠어서'라고.

1999년 6월 30일, 경기도 화성의 씨랜드 청소년수련원에서 화재가 발생했다. 허가와 운영 과정에서 온갖 부정과 비리가 숨어 있었다. 사고로 유치원생 19명과 인솔교사 4명이 숨졌다. 정부는 진상규명 대신 사건 축소와 책임회피로 일관했다.

여섯 살짜리 아들을 잃은 젊은 어머니가 실신했다. 충격을 가누지 못한 그녀는 끝내 조국을 떠나 해외로 이주했다. 필드하키 국가대표선수로 1988년 서울올림픽과 아시안게임의 메달리스트였다. 그녀는 메달과 훈장을 국가에 반납하고 이민의 길에 나섰다. 그로부터 15년 후인 2014년 5월 23일, 수학여행 길에 나섰던 고등학생 수백 명이 바다에 잠겼다. 세월호 참사의 근본적 원인은 국가 운영체계의 부실에 있었다. 미국인들이 열광하던 애국영화 〈람보2〉의 마지막 대사는 이렇다.

"내가 나라를 사랑하는 만큼 나라도 나를 사랑해줘야 한다. 내 말은 바로 이거야."[5]

이 말은 1961년 1월 20일 존 F. 케네디 대통령의 취임 연설 구절을 비튼 것이다. 그때 케네디는 이렇게 말했었다.

"나라가 내게 무엇을 해줄 것인가 묻지 말라. 내가 나라를 위해 무엇을 할 수 있는지 물어라."[6]

젊은이들에게는 케네디보다 람보가 영웅이다.

자본주의 동물농장

자본주의적 근대는 신분의 해방과 동시에 피통치자들에게 철저한 경제적 예속을 안겨준다. 해방이 온 것처럼 보여도 진짜 해방이 아니다. 전통사회의 농민은 각종 차별과 억압에 시달리긴 했어도 토지를 빼앗겨 유민이 되지 않는 이상 경제적으로 자급자족이 가능했다.

하지만 도시화된 대한민국의 국민은 (주)대한민국의 주주 계층에 속하지 않는 이상 호구지책이 거의 없다. 3년 내에 휴업 또는 폐업될 확률이 절반에 가까운 자영업 창업이라는 모험을 해보거나 입에 풀칠이라도 하기 위해 자본에 몸을 파는 월급쟁이, 즉 피고용자가 되는 것이다. 후자는 전통사회에서 '머슴'이 되는 셈이다.

그렇지만 이 길도 대한민국에서는 대다수에게 안정적인 삶을 보장해주지 않는다. 근대인은 경제적으로 자본에 예속되어 있는 '무산자'이지만 자본이 이들의 삶을 보장할 의무는 없다. 그래도 최소한의 식량을 보장받았던 과거의 노비에 비해 임금노예의 주인인 자본은 더욱 책임감이 없다.[7]

근래 들어 자본주의의 부작용을 드러내는 핵심어 중 하나로 '축출자본주의'라는 용어가 등장했다. 중산층에서 밀려난 빈곤층과 그마저도 밀려난 극빈층, 주택담보대출로 집을 잃고 쫓겨난 파산자, 급격하게 늘어난 개도국의 난민과 선진국 감옥 수감자, 실업과 빈곤을 당연하게 받아들이는 신체 건강한 청년들, 땅과 물의 파괴로 갈 곳을 잃은 인간과 자연 생태계 등 이러한 소거, 내쫓김, 추방은 날로 증가하는 세계적인 현상이다.[8]

저소득 노동자와 실업자는 복지정책에서 소외되고, 가난한 국가들은 영토를 매각해야 한다. 내전으로 살림터를 잃은 난민들은 목숨을 걸고 국경을 넘고, 생태파괴로 동물들도 터전에서 내쫓기고 있다. 미국의 도시사회학자 사스키아 사센Saskia Sassen은 평범한 사람들은 삶으로부터 내쫓기지만, 그와 동시에 거시경제는 성장하는 것이 세계화된 금융자본주의의 핵심 현상이라고 주장한다. 그의 논지는 한마디로 세계 경제의 패러다임을 바꿔야 한다는 것이다.[9]

미국의 급진적 언론인 존 리드John Reed의 《자본주의 동물농장Snowball's Chance》은 주목할 가치가 높은 소설로, 조지 오웰George Orwell의 《동물농장Animal Farm》을 오마주 내지는 패러디한 작품이다. 이 작품은 2001년 9월 11일 세계인에게 엄청난 충격을 안겨준 뉴욕 세계무역센터 폭파사건을 계기로 다국적기업이 주도하는 금융자본주의의 문제점을 고발하고 있다.

"모든 동물은 평등하다. 그러나 어떤 동물은 다른 동물보다 더 평등하다."[10]

너무나도 유명한 '동물농장'의 헌법 구절이다. 러시아 전체주의를 겨냥했던 오웰의《동물농장》은 소련이 사라진 후에도 여전히 유효하다. 왜냐하면 우리는 여전히 '자본'이라는 다른 유형의 동물농장 속에 살고 있기 때문이다. '자본주의 동물농장'의 헌법관은 이렇게 말한다.

"모든 동물은 평등하게 태어났다. 무엇이 되느냐는 자기 자신에 달려 있다."[11]

그러나 현실은 금수저를 쥐고 태어난 1%의 '보다 더 평등한' 동물들만이 소망하는 바를 이룰 수 있다.

2014년에《이것이 모든 것을 바꾼다This Changes Everything》는 책을 발간한 미국의 반세계화 운동가 출신 작가 나오미 클라인Naomi Klein은 '기후 변화' 문제를 자본주의의 핵심 의제로 상정했다.[12] 그동안 부의 불평등 문제에 천착해왔던 클라인은 2007년의 저술《쇼크 독트린 The Shock Doctrine》에 등장하는 '재난 자본주의' 개념의 연장선에서 기후 문제를 바라보고 있다.[13] 재난은 당사자에게는 고통이지만 시장에는 기회가 된다는 역설이다. 문제는 기후 변화를 부정하는 인식을 퍼트리고 있는 정치 집단과 그 집단을 후원하는 자본가들이 녹색경제로의 이행을 막고 있다는 것이다. 클라인의 확신에 찬 진단은 이것이다.

"자본주의가 바뀌지 않는 한 기후 문제는 절대로 해결되지 않는다."

글로벌 금융자본주의는 99%의 사람들을 노예로 만든다. 그들 대부분은 남자들이 될 것이다.

모든 남자는 소모품이다

모든 남자는 소모품이다. 사람이든 동물이든 원리는 마찬가지다. 암컷에게 수컷은 종족 번식을 위한 수단일 뿐이다. 소모품인 남자가 여자를 이길 방법은 없을까? 이것은 인류의 역사적 과제였다. 정치, 경제, 종교, 전쟁, 예술, 법, 건축, 문학 등 모든 분야에서 남성이 주도한 역사는 모성에 대항하는 반역의 역사였다.[14]

반역은 성공했다. 이는 전쟁과 가부장제 덕분이었다. 전쟁이 뒷전으로 물러나고 평화의 문화가 일상에 정착되면 여성의 입지가 늘어나기 마련이다. 모든 여자들이 경제적으로 자립하게 되면 남자는 소모품으로 전락한다. 대다수 공장 노동자들이 로봇으로 대체되는 날이 오면 여자들은 더욱 당당해질 것이다. 그러면 다수의 남자들은 전쟁을 갈구할지 모른다.

"모든 남자는 자신이 소모품이란 것을 자각하라. 그러면 암컷으로 부터 자유로워진다."[15]

무라카미 류의 경구다. 현대의 젊은 남자들에게 결정적으로 부족한 것은 자신감이다. 자신감도 하나의 정보다. 자신을 신뢰하자면 자신감의 근거가 되는 정보가 없으면 안 된다. 그 정보를 손에 넣기 위해 젊은 수컷들은 무모한 행위를 서슴지 않는다. 범죄행위나 그 비슷한 짓을 하거나, 자신의 육체가 감당할 수 없는 고통을 부여하거나 구체적인 계획 없이 먼 곳을 여행하거나 마약으로 의식과 감각을 확대시킨다.[16]

여성의 입지가 넓어진 현대사회에서는 여자들이 원하는 것이 더욱 복잡해 보인다. 일본 여성이 원하는 편안하고 소통 잘하는 남자, 유럽 여자들이 원하는 기사도 정신으로 무장한 남자, 미국 여자들이 원하는 동등하게 존중해주는 남자……. 그런데 한국 여자들은 이 모두를 함께 원한다. 어떤 여자는 '나를 재미있게 해주는 남자'를 이상으로 꼽고는, 여기에 더해 명품가방을 원한다. 이래저래 한국 남자들의 입장은 더욱 딱하고 서글프다.[17]

자유자본사회가 발전하면서 사람들은 국가적 목표 대신 개인적인 목표를 더욱 소중하게 여긴다. 이제 사람들은 새로운 공동체의 가치관을 만들어내는 데 관심을 쏟기보다는 그저 취미생활을 개발하자, 여가를 충실히 즐기자, 여유를 가지고 살자 등속의 표어의 노예가 되기로 택했다.[18] 그들의 위세대와는 본질적으로 다른 인간이 되기로 선택한 것이다. 그 선택의 축복도, 그리고 저주도 고스란히 자신의 몫으로 남을 것이다. 남자는 축복보다 저주를 더 많이 받을 위험이 높다.

한국의 젊은 남자는 힘들다. 가부장제의 끝자락을 잡고 있는 세대, 가족에 대한 무한 책임을 지지만 그에 따르는 권리는 없다. 이제 가부장제는 해체되고, 집안의 권력은 구성원 모두에게 분산되고 있다. 그러나 어쩐 일인지 책임과 의무만은 여전히 가장의 어깨에 무거운 짐으로 놓여 있다. 이런 이유로 남자들이 더욱 결혼생활을 고통스러워한다.[19] 새 세대는 아버지 세대의 짐을 훨훨 벗어던져야 한다. 그래야만 자신도, 가족도 살 수 있다.

**Chapter
02**
—

가끔은
남자도 울고 싶다

남자들은 어려서부터 취약한 상태를 내보이면 안 된다고 배운다.

그리하여 남자로서의 자존심을 유지할 수 없는 열패감이

남자를 우울하게 만든다. 그래서일까, '남자다운 남자'일수록 더 우울하다.

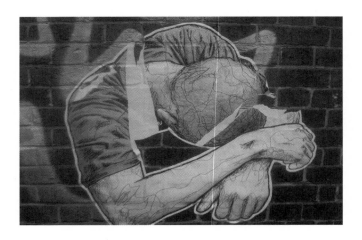

왜 자살하는가?

청년시절 한때 자살을 상상하거나 자살 충동을 느껴보지 않은 사람은 드물 것이다. 역사 속의 많은 위인들이 구차스럽게 치욕의 삶을 연명하는 대신 스스로 마감함으로써 영생을 도모했다. 더 이상 질적인 삶을 누릴 수 없다는 좌절감은 스스로 운명을 결정한다는 황홀경의 당의를 입게 한다.

프랑스의 사회학자 에밀 뒤르켐Emile Durkheim의 《자살론Le suicide》은 사회학의 고전이다. 그는 자살을 '문명에 대한 반성 수단'으로 보면서 자살의 유형을 네 가지로 나누었다. 첫째는 이기적 자살, 둘째는 이타적 자살, 셋째는 아노미적 자살, 그리고 넷째는 숙명적 자살이다. 자살률과 사회통합의 관계를 주목했던 그는 지나친 개인화나 규제가 자살을 부추긴다고 보았다. 남자가 여자보다 자살률이 높다. 남자의 경우, 정신적 문제가 아닌 신체적 문제 같은 다른 증상을 내세우는 경향이 있다고 한다.

자살은 공격적 성향이 자신에게로 분출된 것이기도 하다.[20] 특히 노년의 우울증은 유전적 요인이 상당히 작용한다고 한다. 20세기 미국의 문호 헤밍웨이 집안의 경우 무려 다섯 명이나 연이어 자살했다. 일본의 자살문화는 사무라이 세계의 미덕으로 수용된 사회적 분위기와도 관련이 있을 것이다.

20세기 일본 문학을 대표하는 두 거인의 자살도 세계인의 주목을 끌었다. 노벨문학상 수상자인 가와바타 야스나리川端康成는 만년에 삶의 질을 유지하기 힘들어 자살했다. 이보다 2년 앞서 가와바타의 제자였던 미시마 유키오三島由紀夫는 자위대 건물 옥상에서 일본의 재무장과 군국주의 정신의 부활을 촉구하는 대국민 성명을 발표하고 전통 사무라이 의식에 따라 할복했다.

그러나 전반적으로 보아 자살을 생각하는 사람은 많아도 실제로 감행하는 사람은 적다. 내 주변인물 중에 청년 시절에 두 차례나 자살을 시도한 사람이 있다. 경제적 핍박, 연애의 실패, 가족의 죽음과 질병, 자신의 역량으로 감당하기 힘든 주변 여건이 핑계였다.

그러나 이런 여건보다 자신의 정신건강에 문제가 있었다는 사실을 인정하는 데 시간이 걸렸다. 운 좋게도 그는 전문가의 도움을 얻었다. 자신의 무의식 속에 내재해 있는 파괴적 요소를 다스려 머릿속에서 자살 생각 자체를 지우는 데 성공한 것이다. 그리고 적어도 외형적으로는 비교적 성공한 삶을 살았다. 그가 자신과 가족의 문제에서 사회적 문제로 관심의 초점을 돌린 것은 어쩌면 자살을 모면하기 위한 자구책이었을 것이다.

2009년 5월 23일, 노무현 전 대통령의 자살은 국민들에게 큰 충격을 주었다. 그는 죽음으로써 자신의 명예와 주변인물의 안전을 지키는 승부수를 던졌다. 그가 선례를 만든 것은 아니지만 검찰 조사를 앞두고 자살을 택하는 정치인이나 기업가들이 많다. 나름대로 이기적인 죽음이 아니라 이타적인 죽음으로 포장하기도 한다.

누구는 자살자의 특성을 이렇게 요약했다. 첫째는 공동체에 대한 소속감의 결여, 둘째는 주변인물에 대한 부채감, 그리고 셋째는 폭력에 대한 내성. 이 세 가지 조건 중 어느 하나라도 충족되지 않으면 자살을 결행하지 않는다.[21] 그러나 주저하지 않고 말할 수 있는 것은 모든 자살자는 패배자라는 것이다. 자살의 비극은 막아야 한다. 그리고 대부분의 자살은 막을 수 있다.

링컨은 우울증 환자였다

'국민의, 국민에 의한, 국민을 위한 정치'라고, 민주정치의 요체를 간결한 언어로 압축한 사상가이자 미국 역사상 가장 위대한 대통령으로 존경받는 에이브러햄 링컨은 뜻밖에도 극심한 우울증 환자였다고 한다. 켄터키 통나무집에서 태어난 극빈 소년은 사춘기의 첫사랑에 영혼을 바친다. 하지만 그녀가 전염병으로 죽는다. 실성한 청년 링컨의 모습을 본 동네사람들은 그가 미쳤다고 진단했다.

애인의 무덤에 꽃을 바치며 네 몫까지 함께 살겠노라고 다짐하는 우울한 청년의 독백에 빗물이 함께 실려 내린다. 흑백영화의 장면이 새삼 처연하다. 애인의 죽음, 궂은 날씨에 더하여 혼자서 법률공부를 너무 많이 한 것이 우울증의 원인이라는 전문가의 진단도 있다.[22]

링컨이 살던 시대에 '멜랑콜리Melancholy'라는 단어는 여자보다 남자를 묘사하는 데 더 많이 사용되었다. 감성이 풍부한 사람이 사회적 약자에 대한 연민의 정이 깊다는 이론도 있다. 링컨은 개인적 우울증을 사회적 사명감으로 극복한 의지의 사나이였다. 미국 작가 조슈아 울프 생크Joshua Wolf Shenk는 평생 자신의 약한 모습을 드러내지 않았던 링컨의 열정적인 삶에 대해《링컨의 우울증Lincoln's Melancholy》에서 이렇게 썼다.

"남자들은 취약한 상태를 내보이면 안 된다. 고통을 이기지 못하고 쓰러지는 남자는 자신을 수치스럽게 생각한다."

흔히 문학사의 전형으로 거론되는 햄릿의 우울도 과도한 사색과 독서 때문이라는 분석이 따르곤 한다. 황태자로 지정된 햄릿이 공부한 학문은 일종의 제왕학이었다. 제왕학의 핵심은 법학이다. 신학, 의학, 철학과 함께 법학은 중세 4대 학문의 하나였다. 예나 지금이나 법학도의 특성 중 하나는 과도한 수학의 결과 만성우울증을 앓는 사람이 많다는 것이다. 어느 나라에서나 법학도가 정신질환의 위험이 아주 높다는 경험치가 있다.

그런 데다 법학의 대상은 인간의 추악함, 어두운 세계의 인간들의 아픈 사연들이다. 추악한 세계의 작동 원리를 깊이 탐구하는 법학도는 자신이 추악해지지 않으려면 끊임없이 맑고 밝은 영혼의 정화가 필요하다. 맑은 영혼의 청년이 추악한 세속의 뒷이야기에 탐닉하다 우울증에 걸리는 일은 어쩌면 자연스러운 일이다.[23]

1980년대 초 미국 유학 시절의 이야기다. 내가 석사과정을 다닌 대학에는 종합병원이 부설되어 있었다. 단순한 감기 증상으로 찾았는데도 법대생은 일단 정신과를 거치도록 시스템이 갖추어져 있었다. 대학의 배려였지만 당시는 몹시 불쾌한 간섭으로 생각되었다. 그러나 지나고 보니 참으로 현명한 조치였다.

몇 해 전에 한 현직 부장판사가 용기 있는 고백을 했다. 과거에 자신이 우울증 때문에 자살을 시도한 적이 있다는 내용을 변호사협회지에 상세하게 기록했다. 그는 법조계 동료와 선후배들 중에 자신과 비슷한 처지에 있는 사람을 많이 보았기에 그들에게 희망을 주기 위해 '커밍아웃'을 선언한다고 썼다.

그는 글에서 우울증이란 자신이 증상을 인정하고 전문가의 도움을 얻으면 완치 가능하다고 강조했다. 당시 법원 내부에서는 누구도 판사로서의 그의 역량을 의심하지 않았다. 그의 용기에 감탄한 나는 그와 소식을 주고받았다. 당시 국가인권위원회에서 정신장애인 인권 국가보고서를 작성하던 중이라 그의 존재가 편견 해소에 귀중한 자산이

된다고 판단했다. 그는 나의 추천으로 국제정신건강 법률가단체의 자문위원으로 위촉되기도 했다.[24]

문제를 인정하지 않는 남자

몇 해 전 오스트리아 작가 고트프리트 휘머Gotfried Huemer의 《가끔은 남자도 울고 싶다Männer haben keine Depressionen…》라는 제목의 책이 나왔다. 물론이다. 실은 잘 우는 남자가 더욱 여자의 사랑을 받는다. 다만 여자는 결정적인 상황에서는 우는 남자를 떠난다. 위기가 닥쳤을 때 기댈 수 없기 때문이다. 그래서일까? 남자는 여자 앞에서 맘대로 울지도 못한다. 운다는 것은 자신이 다정다감하기보다는 약하다는 것을 드러내는 일이기 때문이다.

흔히 우는 남자는 비정상으로 취급받는다. 남자가 정신과를 찾는 이유는 단 두 가지 경우뿐이라는 말이 있다. 발기불능일 때와 정신과 치료를 받지 않기 위해서, 즉 자신이 정상임을 확인하기 위해서라는 것이다. 그만큼 남자들은 자신에게 심리적 문제가 있다고는 상상도 못한다고 한다. 남자들이 심리치료를 받지 않으려는 이유는 우선 자기 내면을 보기가 두려워서일 것이다. 하지만 그보다 더 깊은 이유는 자신이 잘못되었을 리 없다고 믿기 때문이다. 프로이트 시대부터 정신과 병원 고객이 주로 여자인 까닭은 여자들이 더 문제가 많기 때문이 아니다. 상대적으로 여성이 자신에 솔직하고, 그래서 더 많은 불편을 느끼기 때문이다. 대단히 사려 깊고 용기 있는 남자만이 자신에게 문제가 있다고 생각한다.[25]

자살은 자신에게 문제가 있다는 것을 자백하는 행위다. 그건 용기 있는 행위이기도 하지만 비겁한 행위이기도 하다. 세계적으로 전쟁보다 자살로 죽는 사람이 더 많다. 매년 100만 명 가까운 사람들이 자살한다. 미국은 살인의 피해자보다 자살자 숫자가 더 많다. 특히 우리나라는 세계에서 가장 자살률이 높은 나라로, OECD국가 중에 13년째 최고 기록을 유지하고 있다. 하루 평균 40명이 스스로 목숨을 끊는다. 특히 청년과 노인의 자살이 많다. 청년의 자살은 과도한 경쟁의 스트레스가, 노인은 궁핍과 고독이 주된 원인으로 지적된다. 한 전문가의 말이다.

"서구에선 고독이나 실존實存에 대한 회의 등 철학적 이유의 자살이 많은데 우리나라에선 카드빚, 급격한 가족해체 같은 사회적 문제가 원인인 자살이 많다."

자살을 시도하는 사람의 90%가 우울증을 앓는다는 통계가 있다. 우울증은 인류를 괴롭히는 10가지 질병 가운데 하나라고 한다. 다섯 명 중 한 명이 일생 중에 걸릴 수 있을 정도로 발병률도 높다. 우울증 환자의 15%는 자살로 생을 마감한다는 통계도 있다. 영국의 저명한 정신의학자 포브스 윈슬로Forbes Winslow는《자살의 해부학The Anatomy of Suicide》이라는 책에 이렇게 썼다.

"낙숫물에 바위가 패이듯 우울증도 정신을 꿰뚫는다. 대개는 무덤까지 가지고 간다. 의사는 증상을 완화시킬 뿐, 완치는 불가능하다. 한동안 숨어 있다가도 폭음뿐 아니라 대수롭지 않은 계기로 재발하면 훨씬 더 매섭게 휘몰아친다. 환자가 고통으로 보낸 하루는 백년과도 같고, 오감은 통증으로 시달리고 정신은 마구 요동치니 지옥이 따로 없다. 지상에 지옥이 있다면, 그건 우울증 환자의 마음속일 것이다. 육체적 고문도 족히 비교가 되지 않으며 숱한 아픔도 격동하는 해협이 삼켜버릴 것이다. 우울증에 걸린 사내는 역경의 화신이기도 하다. 몸이 앓는 병은 대수롭지 않게 보인다. 코카서스에 결박된 프로메테우스요, 지금도 독수리에게 창자를 뜯기고 있는 타티오스인 셈이다."

이른바 '남자다운 남자'가 더 우울하다. 남자의 우울은 주로 직업과 관련된 것이다. 가족 부양에 대한 책임의식, 직업적 안정성의 결여, 직장에서 결정권의 부족, 경쟁에서 뒤처지는 열등감 등등 남자로서의 자존심을 유지할 수 없는 열패감이 남자를 우울하게 만든다.[26] 결정적인 타격은 실직이다. 세상살이에서 '을'의 지위에 내몰린 남자는 '갑'을 질시하며 우울해진다. 무의식중에 자신도 '갑'이 되어 '갑질'을 할 수 있는 대상을 찾는다. 아내든 자식이든, 그도 저도 아니면 자기 자신을 택한다. 자살은 연약한 육신에 대한 무도한 정신의 갑질이다.

스물아홉까지만 살기로 했다

한때 자살은 비상한 천재성과 감수성의 소유자만이 감행할 수 있는 특수한 행위라는 믿음이 성행했었다. 영미권 최초로 자살에 관한 체계적 분석서를 쓴 정신과의사 포브스 윈슬로는 자살을 '알 시라트Al Sirat'라는 다리에 비유했다. 알 시라트는 무슬림들이 지상에서 천국에 이르기 위해 걷는 좁은 다리를 말한다.[27] 대개 정신이 온전치 못한 사람에게는 고통에서 벗어나고픈 마음뿐만 아니라 천재라는 인상을 풍기고 싶은 마음도 있다.[28]

1965년 1월 10일, '전혜린'이라는 한 지적인 여성의 자살이 나라 전체를 흔들었다. 그녀는 독일 유학에서 돌아와 뮌헨의 안개와 슈바빙 지역의 자유를 그리워하며 다양한 '실존적 고뇌'의 포즈를 취하여 수많은 젊은 추종자를 만들어냈다.

"죽음은, 누구의 죽음이나 엄숙한 사실이다. 더구나 그것이 의식적으로 선택되고 논리적으로 사유된 결과인 경우, 우리는 무엇이 그를 죽음에 던져 넣는가를 알고 싶어 해도 마땅할 것이다."

이 글을 쓰고 난 며칠 뒤에 그녀는 죽었다. 향년 31세. 공식 사인은 수면제 과다복용이었다. 그녀는 떠난 지 반세기가 지난 오늘날까지도 한국 역대 자살자의 '명예의 전당'에 자리 잡고 있다.

"혜린의 죽음을 처음 전해 들었을 때 한순간 경악했지만 어쩐지 모든 것을 이해할 수 있을 것도 같았다. 그러나 회고컨대 그 당시 나를 지배한 것은 슬픔이 아니었다. 뭔가 그녀에게 이니셔티브를 뺏겨버린 것 같은 묘한 감정이 한동안 나를 지배한 것이다. 그녀의 상실로 인한 아쉬움과 그리움을 실감하게 된 건 아주 뒷날의 일이다."

전혜린의 대학 후배로 평생 그녀의 찬미자로 살았던 소설가 이덕희의 회상이다. 당시 스물아홉이었던 이덕희 또한 자살을 꿈꾸고 있었다. 그녀의 20대는 '절대와 완전에 대한 망상적 집착'으로 점철된 시절이었다. 어떤 것이 아니라 모든 것을 알고 싶었고, 무엇이나 다 되어보고 싶었고, 온갖 것을 다 사랑하고 싶었다. 그런 그녀에게 30대란 힘의 한계를 깨닫는 시간, 온갖 가능성 대신 한 가지 확실한 것을 선택해야 하는 시간, 날아오르는 자세에서 발을 땅에 내려놓아야 하는 시간이었다. 이덕희가 스물아홉까지만 살기로 맹세한 까닭이었다.[29]

최영미의 첫 시집《서른, 잔치는 끝났다》는 갑자기 나타난 것이 아니었다. 이덕희는 그로부터 무려 반세기를 더 살았다. 2016년 8월 11일 새벽에 영면한 그녀의 사인은 영양실조로 인한 폐렴이었다. 육신이 그녀의 뼛속 영양소까지 앗아가 뼈가 녹아내렸다는 의사의 진단이었다. 그건 전혜린이 선택한 죽음과 극단적으로 다른 형태의 죽음이었다.

자살 찬미론자들

"자신의 목숨이 자기 소유물임을 만천하에 행동으로 명확히 증명해

보이는 일, 피조물로서의 경거망동, 생명체로서의 절대 비극, 그러나 가장 강렬한 삶에의 갈망."

작가 이외수가 자살에 대해 내린 정의다. 그런가 하면《실낙원Paradise Lost》의 작가 존 밀턴John Milton은 이런 말을 남겼다.

"다른 길은 없다, 고통스러운 이 길 외에는. 우리는 어떻게 죽음에 이르며 다시 흙으로 돌아갈까? 그대는 인생을 사모하지도, 증오하지도 말라. 다만 최대한 잘 살아보라. 길든 짧든 하늘이 살려둘 때까지."

고대 그리스 로마인들은 대체로 세 가지 이유로 자살을 택했다. 심신의 고통을 피하고 싶거나 자살이 명예를 증명하는 방법이라고 생각할 때, 그리고 다른 사람의 본보기가 되고 싶을 경우다. 세네카는 자살의 변호에 앞장섰다.

"삶이 즐거운가? 그렇다면 계속 살라. 그게 아니라면? 자신의 근원으로 돌아가라. 큰 상처를 입을 필요도 없이, 단 한 번만 찌르면 자유를 얻을 것이다. 어쩔 수 없이 산다는 것은 치욕이다. 신의 배려로 인간은 억지로 살아야 할 필요가 없어졌다."

그러나 그런 세네카도 정작 자살을 실행에 옮기지 못했다. 중병으로 몸이 쇠약해져 종종 자살을 꿈꿨지만, 그때마다 자상한 아버지가 아들의 죽음을 감당할 수 없을 것 같아 결행을 포기했다고 한다.[30] 그가 죽고 몇 세기 후에 편찬된《로마법대전Corpus Jurls Civils》에는 자살자를 처벌하는 규정이 담겨 있다.

피고인이나 현행범이 기소를 피하기 위해 자살하면 그의 전 재산을 몰수했다. 이는 자살이 아니라 범죄 자체에 대한 처벌로, 자살한 피의자가 유죄로 밝혀진 경우에 한정된다. 따라서 법적 상속인은 필요한 경우 자살자를 살아 있는 사람으로 가정하고 원인을 밝혀야 한다.[31]

셰익스피어의 《햄릿》에서 오필리아의 죽음을 두고 산역꾼들의 논쟁이 벌어진다. 자살한 여자를 놓고 기독교식 장례를 치르는 것은 잘못이라며 한 산역꾼이 강한 불만을 제기한다. 중세에는 자살자는 재산을 몰수하고 기독교식 장례식을 금했다. 필시 오필리아는 아버지의 죽음과 사랑의 갈등 때문에 스스로 물속에 뛰어들었을 것이다.

19세기 영국의 정신병동에 수용된 여성은 대부분 실연한 처녀들이었다. 많은 전문가들이 자살의 전염성에 주목하고 있다. 어느 사회학자는 이러한 현상을 일컬어 '인간 비애의 새로운 장르'라고 명명했다. 1993년 일본에서는 《완전 자살 매뉴얼完全自殺マニュアル》이라는 책이 50만 권이나 팔려나갔다. 이런 추세를 반영하듯 우리나라에도 연쇄 자살 사건이 발생하고 나면 인터넷 자살 채팅이 급속하게 확산된다고 한다.

9월 10일은 세계보건기구가 정한 '세계 자살 예방의 날'이다. 세계보건기구는 자살의 전염을 막기 위해 언론에 대해 자살 보도 원칙을 제안했다. 버트런드 러셀은 1932년에 쓴 〈자살이 위법인가?〉라는 글에서 '자살이라는 주제를 다룰 때 그 장단점을 따지기보다는 이른바 인간 생명의 신성함과 연결시켜 바라보는 경향이 있다'며 다음과 같이 주장했다.

"너무나 비참한 나머지 자살을 시도하게 되는 불행한 사람들 앞에서 인명의 신성함을 호소하는 것은 전쟁이 인류의 제도의 일부로 존재하는 한 철저하게 위선이다."

나는 정신병원으로 출근한다

인권의 관점에서 보면 장애인 중에 가장 취약한 장애인이 정신장애인이다. 정신병이나 정신장애라는 단어가 주는 사회적 낙인은 너무나도 무겁다. 그래서 자신도, 가족도 병력을 숨긴다. 지체장애인의 경우처럼 자신들의 권익 증진을 위해 싸우는 당사자나 단체, 가족협회도 없다. 이들의 권익을 챙겨줄 인권단체도 거의 없다. 정신병원과 요양시설은 그야말로 인권의 사각지대다.

2001년 세계보건기구의 보고서에 의하면 네 사람 중 한 명은 일생에 적어도 한 번은 정신과 치료를 받는다고 한다. 누구에게나 닥칠 수 있는 일이라는 뜻이다. 1995년 우리나라에 정신보건법이 제정되었다. 일본법이 모델이었다. 법의 제정에 앞서 세계보건기구의 전문가들이 날아와서 자문에 응했다.

자문단의 보고서에 의하면 서구에 비해 한국의 법은 환자 자신보다도 가족의 권리와 의무가 강조된 특징이 있다고 한다. 그동안 정신장애에 대한 우리나라의 기본 정책은 사회로부터 격리시키는 데 주안점을 두었다. 병원을 짓고 병상을 늘리는 게 국가의 주된 정책이었다. 전통적인 가족공동체와 지역공동체가 무너지고 핵가족 문화가 대두하면서 격리의 수요가 더욱 강해졌다. 그 결과 세계에 유례없는 비자발적 입원과 장기 입원이 나타났다.

"문을 열자!"

1999년 세계정신의학협회가 주도한 캠페인의 구호였다. 한마디로 편견을 깨자는 것이었다. 2009년 국가인권위원회는 '정신장애인 인권 국가보고서'를 발간했다. 오스트레일리아(1993년)와 미국(2003년)에 이어 세계에서 세 번째로 발간된 국가 차원의 보고서다. 독일의 기업코칭 전문가 마르틴 베를레Martin Wehrle는 《나는 정신병원으로 출근한다Ich arbeite in einem Irrenhaus》라는 제목의 책을 썼다. 모든 현대인의 직장이 생각하기 따라서는 정신병원이라는 의미다. 한 인권위 직원은 이렇게 적었다.

"감기에 걸렸다고 고백하는 사람은 없다. 정신장애도 '고백'이라는 표현이 필요 없기 바란다."

사람의 뇌는 실로 신비하고도 오묘하다. 사물을 인식하는가 하면 인식한 바를 행동에 옮기도록 지시한다. 그런가 하면 인식과 행동을 매개하는 감정을 조절하기도 한다. 그런데 정신질환은 감정과 성격의 문제가 아니라 뇌의 구조와 작동의 문제라고 한다. 알고 보면 우울증과 같은 정신질환을 안고서도 정상적으로 직장생활을 하는 사람도 적지 않다. 잘만 관리하면 큰 무리 없이 안온한 삶을 누릴 수도 있다.

엄밀하게 따지면 사람은 누구나 한때 장애인이다. 태어난 후에도 한동안 누군가의 보살핌 없이는 살 수가 없다. 생을 마감하는 단계도 그렇다. 그렇게 보면 인간은 누구나 장애인으로 태어나서 장애인으로 생을 마감한다. 모든 사람이 예외 없이 거쳐야 하는 그 과정을 결코 비정상으로 규정할 수 없다. 정상인과 비정상인의 구분은 잘못이다. 장애가 드러난 사람과 드러나지 않은 사람으로 나누는 것이 보다 정확한 구분이다.

감수성이 예민한 예술가 중에는 특이한 사고와 행동 패턴을 보이는 사람이 많다. 무릇 예술은 창의와 감성의 소산이다. 니체의 말대로 '디오니소스의 광기' 없이 예술이 탄생할 수가 없다. 독자적 삶의 자율성이 비교적 넓게 수용되는 교수도 그런 편이다.

내가 아는 교수들 중에도 우울증 내지 유사한 정신건강 문제를 안고서도 성공적인 학자의 삶을 영위한 사람도 많다. 자신에게 문제가 있다는 사실을 인정한 후에라야 대책을 세울 수 있는 것이다. 정신과 전문의의 도움은 절대로 필요한 일이다. 감기도 저절로 치유되는 수도 있지만 내버려두면 합병증으로 번지고 끝내는 생명을 잃기도 한다. 정신질환은 감기보다는 무거운 병이다.

세상은 나에게
술을 마시라 한다

남자들 중에는 술을 마시지 않고는

섹스를 제대로 할 수 없는 경우가 많다.

밝은 곳에서는 전혀 욕망이 일지 않는 사내도 많다.

처음부터 그렇게 시작했고, 오랫동안 몸에 밴 습관이기 때문이다.

'술 권하는 사회'의 풍경

매년 노벨문학상 후보로 거론되는 원로 시인 고은은 근래 들어서 우리나라에서 좋은 시가 나오지 않는 이유는 시인들이 술을 마시지 않기 때문이라고 했다. 그 세대 사람들에게는 일리 있는 말로 들릴 것이다. 죽어서도 술 없는 천당보다 술 있는 지옥을 선호한 문인들이 많았다. 그 세대 문인들에게 술이란 무엇인가? 절망하는 사람이 가는 곳, 그것이 예술이다. 분노하는 사람이 분풀이하는 것, 그것이 문학이다. 그들은 그렇게 배웠다.

"갈데없는 문학이고 소설이며 글쓰기의 다른 명칭이었다. 술이란 요괴와도 흡사한 것, 사람을 홀려서 천당으로도 지옥으로도 맘대로 조종하는 괴물이어서 그 영향권에 들기만 하면 그 누구도 감히 건드릴 수 없었다. 이러한 정신상태는 누가 보아도 심리적 퇴행, 유아기로의 후퇴다. 철이 들어 그들이 엿본 세계는 너무나 낯설 뿐 아니라 무서

웠다. 그 세계의 이름은 현실이었다."[32]

한국 근대문학평론의 거인 김윤식 교수의 평가다. 술은 약한 자가 언제나 기댈 수 있는 친구이자 외롭고 마음이 병든 자가 치유 받는 선약이며 세상살이의 번민을 잠시나마 잊게 해주는 환각제다.

일제 치하의 조선은 '술 권하는 사회'였다. 이는 1921년 11월 〈개벽 開闢〉에 발표된 현진건의 단편소설 제목이다. 밤 1시가 넘어도 남편은 귀가하지 않는다. 결혼한 지 7~8년이 되었지만 부부가 밝은 날을 함께 보낸 시간은 1년도 채 못 된다. 동경에 유학 간 남편이 그리워도 묵묵히 참아야 했다. 남편이 돌아오기만 하면 온통 세상이 자신들의 것이 될 것이라며 기대에 부풀었던 아내였다.

그러나 돌아온 남편은 직장도 얻지 못한 채 날마다 한숨만 쉬고 몸은 날로 쇠약해진다. 게다가 근래 들어서는 매일같이 밤늦게 고주망태가 되어 돌아온다. 새벽 2시, 몸을 가누지 못할 만큼 만취하여 돌아온 남편에게 '누가 이렇게 술을 권했는가요?'라고 아내가 묻자 남편이 이렇게 푸념한다.

"이 사회란 것이 내게 술을 권했다오!"

아내에게 사회는 무슨 요릿집 이름만큼 낯선 개념이다. 그저 남편을 원망하며 '술 아니 먹는다고 흉장이 막혀요?'라고 힐난할 뿐이었다. 남편은 '아아, 답답해!'를 연발하며 붙드는 소매를 뿌리치고 밖으로 뛰쳐나간다. 아내는 멀어져가는 발자국 소리에 '그 몹쓸 사회가 왜 술을 권하는고!' 하며 절망을 되씹는다.

술독에 빠진 사회 부적응자 남편과 술에 진력이 난 아내의 대비는 한국인에게는 너무나 친숙한 삶의 전형이었다. 많은 사내들이 우국지사처럼 거대한 담론에 취해 가정의 책임을 팽개치면, 강퍅한 삶을 꾸려나가는 것은 저절로 아내의 몫이 되었다. 문학을 업으로 하거나 꿈꾸는 사람만이 술을 탐닉한 게 아니다. 사내라는 사내는 너 나 할 것 없이 모두 술을 입에 달고 살았다. 술자리에 끼지 못하는 남자는 제대로 된 남자 취급을 받지 못했다.

　"술자리란 거대한 '한국문화'로, 한국인의 지적 풍토와도 깊은 연관이 있다. 다른 사회계층과 마찬가지로 남자 지식인들의 술자리에서도 친분과 인맥이 생겨나고, 청탁과 거대가 오간다. 허튼소리와 함께 고담준론도 오간다. 이를테면 '기본 안주'에 해당한다. 지식인 소사이어티, 또는 커뮤니티의 자율성과 연동되어 있다."

　여기까지는 문학평론가 천정환의 진단이다. 그런가 하면 김형경이 관찰한 남자들의 이상한 행태도 있다.

　"한 남자가 아버지를 잃은 친구를 위로하는 장면이다. 친구를 찾아가 침묵 속에 잠시 앉아 있다가 '술이나 한잔하자'며 술집으로 데려갔다. 잔에 술을 가득 부어주고는 '한잔해라!', 그리고는 정치와 스포츠 이야기로 이어나갔다. 다른 말은 없었다. 장례를 잘 치렀는지, 마음이 어떤지 따위는 아예 입에 올리지 않았다. 남자들은 그것으로 모든 대화를 했다고 생각한다. 술을 따라주는 것이 안부를 묻는 말이고, 술잔을 서로 부딪치면서 상대를 위로하고 각자 자기 잔을 비우면서 슬픔을 느낀다. 술자리는 남자들이 감정을 표현하는 중요한 방식이다. 남자들은 슬프다고 말하는 대신 술을 마시고, 기쁘다고 말하는 대신 노래방에 가서 큰소리로 노래를 부른다."

애써 술로 이성을 마비시켜야만 감정을 전할 수 있는 남자들의 행태는 분명히 정상으로 비치지 않았을 것이다. 그러나 이것은 남자들에게는 지극히 자연스러운 모습이다. 희로애락, 그 어떤 남자의 감정 표현에도 술이 매개체가 된다. 굳이 말을 해야만 뜻을 전할 수 있는 사이는 진짜 친구가 아니다. 한 잔 술로 슬픔도 분노도 함께 마셔버리는 술꾼, 그게 바로 진짜 친구다. 이것이 대다수 사내들의 생각이다.

물론 이런 음주문화와 거리를 유지한 지식인도 적지 않다. 1966년에 계간지 〈창작과 비평〉을 창간한 이래 오늘에 이르기까지 반세기 동안 한국의 지성계에 큰 축을 이끌어 온 영문학자이자 통일사상가인 백낙청이 대표적 예로 거론된다. 술, 담배, 허튼소리를 거의 하지 않는 백낙청은 진지함과 고고함을 미덕으로 새로운 지식인상을 만들어냈다. 그런 그가 눅진한 토착 한국 문인의 기호와 성정에는 뭔가 성에 차지 않는 이질감이 들 수도 있었을 것이다.

음주 예찬론의 견고한 지배 아래서도 독실한 개신교도의 '혐주嫌酒' 문화가 술에 대한 경계심을 확산하는 데 일정한 기여를 했을 것이다. 김동리의 소설 〈무녀도〉는 한국 토속의 샤머니즘과 근대성을 상징하는 그리스도교와 갈등을 그린 명작으로 칭송받는다. 김동리의 유년은 아버지의 술과 어머니의 기독교 신앙 사이의 갈등으로 인해 그리 행복하지 않았던 모양이다.

유학자인 아버지는 50세 전후 7, 8년을 술로 세월을 보냈다. 어머니는 몰래 예수교 신자가 되었다. 5남매의 막내인 그는 훗날 '나도 일요일마다 예배당에 다녔다'라고 적었다.

"독신자인 어머니는 항상 술을 가리켜 마귀의 음식이라 하셨으니. 어머니가 교회에 나가시게 된 원인도 아버지의 술에 있었다. 술에 진절머리가 났기 때문이라고 어머니 자신이 여러 번 말했다. 아버지의 어머니에 대한 폭행은 나를 끝없는 우울과 염세증으로 몰아넣었다. 이러한 아버지에게 내가 존경이나 사랑을 느끼지 못했던 것도 할 수 없는 일이었다."[33]

나는 마신다, 고로 존재한다

'호모 임비벤스homo imbibens'라는 말이 있다. 술 마시는 인간이란 뜻이다. 한때 남자들 사이에 '나는 마신다. 고로 존재한다'는 허세가 풍미했다. 정확하게 언제부터 인류가 술을 마시기 시작했는지는 알 수 없다. 그러나 사하라 사막 남쪽 아프리카를 발상지로 한 초기 인류가 이미 알코올의 효능을 감지했다는 증거가 있다. 음악을 비롯한 다른 형태의 예술로 감정과 사고를 전달하는 법을 터득했다면, 알코올 음료는 삶의 방식을 더욱 윤택하게 만들었다. 술은 뇌의 잠재의식에 접근하는 데 중요한 매개체 역할을 했다.

음악이 주술사의 중요한 영업수단이었다. 술은 환각을 유도하여 주술사에게 다른 다양한 역할을 수행하도록 조력했다. 주술사는 질병을 다스리는 약초를 처방하는 의사였고, 조상들과 눈에 보이지 않는 존재를 불러내는 사제이자, 공동체의 성공과 영속을 보증하는 의식을 관장하는 감독관이었다.

주술사에게 술은 영혼의 매개체였다. 아마도 가장 중요한 사실은 구석기시대 주술자의 지위와 권력이 세습되었다는 것이다. 음악적 재능, 언어적 재능, 이에 더하여 성적 재능, 영감에 대한 역량은 유전적 요소가 강하다. 그래서 구석기시대 주술사의 지위는 세습되었다.[34]

석기시대의 제전은 오늘날 관점에서 보면 성性의 축제이도 했다. 인류가 아프리카를 떠나온 후로 간간이 '동굴 예술'로 표현한 삶의 모습은 예외 없이 나체였다(물론 의복이 탄생하기 전이었으니 그렇다). 특히 두드러진 특징은 과도하게 큰 남자의 성기다. 인간의 성기는 한 번 발기하면 자신의 몸에 비해 여타 영장류보다 더 길고 두껍다고 한다.

1940년 어느 봄날, 프랑스 남쪽 한 외진 마을에서 개를 데리고 놀던 동네아이들이 숨겨진 동굴을 발견했다. 동굴에는 2만 년 세월의 부침을 견디어낸 생생한 벽화 수백 점이 새겨져 있었다. 현장을 답사한 인류학자 조르주 바타유Georges Bataille는 《라스코 혹은 예술의 탄생Lascaux ou lanaissance de l'art》이란 책을 썼다. 그런데 원시인의 그림 수백 점 중에 가장 충격적인 그림은 후일 '우물'이라는 제목이 달리게 된 비

밀스러운 공간에 숨어 있었다.[35]

　'새 얼굴鳥面'을 한 사내의 성기가 곧추서 있다. 사내는 상처 입은 들소 앞에 누워 있다. 들소는 끔찍한 모습으로 내장을 쏟아내고 있다. 분명 죽음이 임박한 것이다. 이 그림에서 바타이유는 '성과 죽음과 종교의 일치'를 보았다고 말한다. 그에 따르면 인간이 동물성에서 완전히 벗어난 것은 에로티시즘의 인식과 궤를 함께한다. 약 3만 년 전에 지구상에 등장한 호모 사피엔스가 남긴 그림들은 에로티시즘의 탄생을 알려주고 있다.

　에로티시즘을 인식하기 위해서는 그 전에 반드시 선취해야 할 인식의 대상이 있다. 그것은 바로 죽음이다. 성과 죽음을 함께 그린 라스코 고대인들은 폭력과 죽음이 연관된다는 사실을 암시한다. 종교는 죽음을 건 내기다.[36] 종교는 죽음에 대한 두려움이 만들어낸 마취제요, 환각제다.

　죽음 저편에 무엇이 있을까? 어떤 불가사의한 세계를 한순간이나마 엿볼 수 있다면 뭔들 아까울까? 만약 죽지 않으면서도 욕망의 끝까지 가는 길이 있다면, 그 길을 마다할 인간이 어디 있으랴? 바로 에로티시즘이다. 프랑스인들은 성행위의 마지막 순간인 오르가즘을 '작은 죽음petite mort'이라 부른다. 에로티시즘은 작은 죽음, 즉 언젠가는 다가올 진짜 죽음의 연습이다.

　성적 흥분의 절정에 '죽여달라'는 외침이 무심결에 터져 나온다고 한다. 여성의 입에서 무의식적으로 튀어나오는 죽음과 성적 환희의 결합어는 인간의 삶과 죽음을 이어주는 핵심적 연결고리임을 입증한다는 주장을 아주 낯설지 않게 만든다.

성과 죽음의 관능성을 가장 잘 입증한 사람은 지그문트 프로이트로, 그는 인간의 본능을 생명 본능과 죽음 본능으로 대별하여 각각 사랑의 신 에로스Eros와 죽음의 신 타나토스Thanatos의 이름을 붙였다. 죽음의 본능은 간단히 말해 유기물이 자신의 내적 긴장을 소멸시키고 자신의 원상태(무기물상태)인 죽음의 상태로 되돌아가려는 본능이다. 프로이트의 '쾌락의 원칙'에 따르면, 쾌락은 긴장과 소멸의 정점이다. 죽음이 아니고서야 다른 무엇일까?

나도 라스코 동굴을 직접 관람한 적이 있다. 이희세라는, 한 기구한 운명의 한국인 화가의 안내를 받았다. 1970년대 초에 그는 동굴 벽화의 복제품을 만드는 작업에 직접 참여했다. 프랑스 정부는 원 동굴은 보존하는 대신 관람객을 위한 모형 동굴과 복제품 벽화를 제작했다. 벽화의 모사 작업에 참여한 몇몇 청년화가 중에 한국인 이희세가 들어 있었다.

그는 일찍이 1960년대에 파리 유학의 특전을 누린 촉망받는 미술학도였다. 그러나 뜻하지 않게 연좌제의 덫에 걸려 평생을 유랑하다 2015년에 생을 마감했다. 그는 1968년 박정희 정권이 각색하여 제작한 '동베를린 간첩단 사건'에 연루되어 옥고를 치른 '재불화가' 이응노의 조카였다. 이희세 화가는 작은 시골집 현관에 말 한 마리 그림을 그려두고 자신의 자화상이라 불렀다. 문외한의 눈에도 동굴 벽화에서

영감을 받은 것이 엿보였다. 생명의 시원과 소멸의 미학 비슷한 이미지가 역력했다.

술을 예찬하다

알코올 음료는 인류가 400만 년 이상 활용해온 온갖 마취성 약물 중에서 특별한 위치를 점한다. 고대나 현대나 대부분의 사회에서는 신이나 조상과 접촉하는 의식을 치를 때 알코올 음료가 따른다. 고대 그리스의 제주를 드리는 여인은 제사에 앞서 정화의식을 거친다. 가톨릭 성찬식의 와인이나 중국과 일본, 그리고 우리나라의 제사에 쓰는 제주는 신성의 상징이다.

21세기 미국에서 가장 많이 팔리는 시인은 뜻밖에도 13세기 페르시아의 시인 루미Rumi라는 뉴욕타임스 기사를 읽은 적이 있다. 다음은 그의 시 〈봄의 과수원으로 오세요〉의 일부다.

봄의 과수원으로 오세요. 꽃과 술과 촛불이 있어요.
당신이 안 오시면 이것들이 무슨 소용이겠어요.
당신이 오신다면 이것들이 다 무슨 소용이겠어요.

이슬람이 패권을 잡은 8세기부터 13세기까지 중동에는 '술 취한 시인'으로 불린 한 무리의 지식인 그룹이 있었다. 사랑과 술을 결합하여 시의 한 장르를 구성했다.[37] 다음은 우마이아 왕조시대 메카 출신 시인 아비 라비아[38]의 구절이다.

무엇에도 비길 수 없는 사향과 꿀이 섞인 포도주
긴긴밤 지새워 마셨노라.
그녀에게 다가가 입술을 훔치리.
비비 꼬며 달콤한 맞춤으로 날 맞으리니,[39]

또 다른 페르시아 시인 오마르 하이얌은 이렇게 썼다.

내게 필요한 것은 술 한 통, 시집 한 권
그리고 약간의 빵조각
그대와 나, 어느 한적한 곳에 앉아
술탄의 왕국보다 더 많은 풍요를 누리리.

루미뿐만 아니다. 하페즈와 루디도 페르시아의 시성이고 시선이어서 오늘날 이란인들의 집에는 최소한 책이 두 권 있다. 코란과 하페즈 시집이다. 이란인들은 하페즈의 시집을 무작위로 펼쳐 그 페이지에 나오는 시를 '오늘의 운세'로 여기는 시점을 친다. 동양의 주역만큼이나 열려 있는 텍스트다.

어떤 번역도 반역이 될 수밖에 없다. 그 엉성한 번역이 괴테, 바이런, 니체, 지드 같은 문호들의 영혼에 천둥과 번개가 내려친 것이다.[40] 미국 뉴욕의 유엔 본부 건물 정문 입구에 하페즈의 시가 이란어로 적혀 있다. 〈아담의 후예〉라는 제목의 시다. 몽골 군사가 천지를 휩쓸고 지나갈 때, 세계 평화와 인류 모두의 안녕을 희구하며 쓴 시다.

인류는 한 몸 한 뿌리에서 나온 영혼
네가 아프면 나도 아프다네
그렇지 않다면 우리는 사람도 아니지.

중국은 우주가 공인하는 술의 나라다. 긴 문명의 역사를 통해 단 한 순간도 술을 배척하거나 경원한 예가 없었다. 혼자 마시든 여럿이 함께 마시든 술을 마시는 행위 자체가 남자의 미덕이었다. 혼자 마시는 술은 별다른 맛과 색다른 정취가 있다. 요즘 젊은이들은 그것을 '혼술'이라 부른다. 중국의 시성으로 불리는 이백의 시들은 후세에 널리 읽힌다. 그 중에 〈독작獨酌〉은 수많은 찬주가들 중의 백미다.

하늘과 땅이 이미 사랑을 내렸으니 술을 사랑함은 한 점 부끄러움이 없는 일. ……석 잔 마시면 대도에 통하고, 한 말 들이키면 자연과 합일하노니. 취중에 아취를 얻으면 그로 족하니 술맛 모르는 자들에게는 함구할지니.

〈장진주사將進酒辭〉는 〈독작〉과 쌍벽을 이루는 찬주가로 짧기에 더욱 덧없는 인생이니 술이라도 맘껏 즐기다 떠나자는 권주가다.

그대 어찌 보지 못하는가?
황하의 물이 하늘에서 내려와
바다로 흘러가면 다시 돌아오지 않음을!
그대는 보지 못하는가?
높은 집 거울 속에서 슬퍼하는 저 백발을
아침엔 청사 같아도
저녁엔 백설로 바뀌는 법
음악과 좋은 음식이 귀한 게 아니라
오래 취해서 쉽게 깨어나지 않는 것이 더 좋은 법

우리나라에도 예로부터 음주 예찬론이 풍부하다. 송강 정철의 사설시조 〈장진주사〉는 제목은 물론, 주제도 이백의 원작에 바탕을 둔 것이다.

한 잔 먹새그려 또 한 잔 먹새그려
곳 것거 산算 노코 무진무진 먹새그려

이 몸 주근 후면 지게 우희 거적 더퍼 주리혀 매여 가나

유소보장流蘇寶帳의 만인이 우러네나,

어욱새 속새 덥가나무 백양 수페 가기곳 가면,

누른 해, 흰 달, 굴근 눈, 쇼쇼리 바람 불 제, 뉘 한 잔 먹쟈할고.

하믈며 무덤 우희 잔나비 휘파람 불제 뉘우친달 엇더리.

내 소장품 중에도 술의 노래가 있다. 몇 해 전 한 서예가가 써준 정겨운 필묵이다. 조선 숙종 대의 문신 김성최의 시조라 했다.

자네 집에 술 익거든 부디 날 부르시소

내 집에 꽃 피거든 나도 자네 부름세

백년 덧 시름 잊을 일을 얘기코자 하노라

변영로의 《명정사십년酩酊四十年》, 양주동의 《문주반생기文酒半生記》, 그리고 조지훈의 〈주도단계론〉은 나의 세대 술꾼들이 다투어 인용하던 당대의 고전이었다. 앞의 두 권은 호주가 명사들의 일탈적 기행을 해학적으로 기록한 일화집으로, 당시 젊은이들은 명사들의 다소 과장된 일화를 안주 삼아 취중방담을 즐기기도 했다.

청록파 시인의 한 사람이자 품격 있는 선비로 평판이 높던 조지훈은 주도酒道의 품계를 명명했다. 최하 18급부터 최고 9단에 이르는 바둑의 품계에 비유한 것이다. 가능하면 안 마시는 부주不酒에서 술의 진

미를 배우는 학주學酒까지를 하급자인 주졸酒卒로 보았다. 유단자 급은 소박한 애주愛酒에서 마시다가 행복하게 죽는 열반주涅槃酒에 이르기까지 9단계로 세분되었다.

술을 저주하다

이슬람교의 경전인 코란은 노골적으로 음주를 금한다. 코란 5장 90절에는 이런 계율이 보인다.

"믿는 자들아, 음주와 도박과 우상 숭배와 점술은 사탄이나 행하는 더러운 짓이니 이들을 삼갈지어다."

이슬람 세계가 경직된 것은 시대 변화에도 불구하고 철저한 금주를 고집하는 교리와도 연관이 있다. 20세기 한때 미국에서도 헌법으로 술을 전면적으로 금지한 적이 있다. 1920년 연방헌법은 미국 땅에서 일체의 알코올 음료를 제조, 판매, 소비하는 행위를 금지했다. 그러나 단 13년을 버텼을 뿐 다시 헌법 개정을 통해 자유 음주 상태로 되돌아갔다. 이미 인간생활의 주된 도락이자 기호품으로 정착한 식품을 전면 금지하는 입법 조치는 높은 이상만큼 현실성이 취약했던 것이다.

금주법은 오히려 음성적인 밀주 산업의 번성과 마피아 같은 각종 범죄 조직의 탄생을 부추기는 결과를 초래했다. 그날 이후 '금주시대 논리Prohibition-Era logic'라는 영어가 통용된다. 높은 이상을 추구하지만 경직된 논리와 방법론 때문에 현실성이 결여된 이론을 일컫는 말이다.

알코올의 가장 극적인 효과는 향정신성 작용이다. 술로 인해 신비에 싸여 있는 인간 뇌의 미지의 영역에 자극이 주어지고 변화가 일어난다. 그러나 가벼운 희열과 부드러운 사교성으로 표출되는 음주 초기의 효과가 과음으로 인해 분노나 자기혐오로 변질될 수 있다. 게다가 과음은 신체 기능을 저하시킨다. 균형을 잃고 말소리가 흐려지고, 심지어는 환각증상이 나타날 수 있다.

만취 상태에서 쓰러지면 다음날 지독한 숙취에 시달리고, 취중에 일어난 일을 전혀 기억하지 못하는 경우도 적지 않다. 그러다 보니 세상의 많은 범죄가 음주상태에서 일어난다. 알코올 음료를 원천적으로 반대하는 사람들은 술이 인간성을 유린하는 악마의 음식이자 귀중한 생명과 막대한 재산 피해를 입히고 가정을 파괴하는 원흉으로 단정한다.

술도 중독성이 있는 일종의 마약이다. 그러나 사회가 양해한 마약이다. 자신을 통제할 수 없는 음주벽은 정신병에 속한다. '알코올홀릭alcoholic'은 전문적인 치료가 필요한 환자다. 또한 과도한 음주는 많은 성인병의 주요 원인이 된다는 것은 공지의 사실이다.

음주운전은 한국 사회에서는 관용도가 제일 높은 일탈이다. '대리운전기사'라는 직업도 한국 말고는 거의 찾아볼 수 없다. 뻔히 술을 마실 줄 알면서도 저녁 회식장소에 자가용을 운전해가는 한국인의 습관이다. 저녁식사 자리에 반드시 술이 동반한다. 업주는 당연히 술을 권한다. '밥장사는 1할, 술장사는 절반 이문'이라는 속설이 있다.

이러다 보니 다수의 한국인이 최소한 한두 차례 음주운전 경험이 있다. 최근에 경찰청장에 임명된 사람은 하급간부 시절에 음주운전으로 사고를 낸 전력이 드러났다. 그럼에도 불구하고 대통령은 주저 없이 경찰총수로 임명했다. 이 일에 분개하는 국민은 거의 없었다. 선진국에서는 상상조차 못할 일이다. 운전자는 절대로 술을 마셔서는 안 된다는 사실을 명심해야 한다. 이런 말이 있다.

"세상에는 술 마시는 사람도, 운전하는 사람도 있다. 그러나 술 마신 채 운전하는 사람은 범죄자뿐이다."

위세대의 음주문화는 젊은이들에게 고스란히 전승된다. 단순한 전승에 거치지 않고 도를 더해 확대재생산 된다. 대학마다 신입생 환영회에는 으레 집단 폭음 후에 사고가 따른다. 심지어 목숨을 잃기도 한다. 외국 유학생들은 이런 광경을 보고 질색을 한다. 공원에 모여 고기나 구워 먹으면서 건전한 토론과 오락성 잡담으로 친목을 도모하는 그들의 풍속에 비추어볼 때 한국 학생들의 광란적 음주문화는 실로 야만적인 행각이다.

선진국에서는 학생들의 파티에서 술은 단지 음료수 중의 하나일 뿐, 그 누구도 취해서 몸을 못 가눌 정도로 퍼 마시는 일은 없다. 더더구나 집단으로 취해서 난동을 부리는 일은 상상조차 못한다. 그들의 눈에 비친 한국 대학생들의 집단 음주 광경은 마치 고대 그리스의 디오니소스 축제의 부활을 연상시킨다.

술, 여자, 그리고 에로티시즘

남자의 세계에서는 술이 있는 곳에 여자가 있다. 술과 여자는 분리할수 없는 보완재다. 여자 없는 술은 만병의 원인이라는 말이 있을 정도다. 사내 혼자 마시는 술은 자신의 파괴로 이어지고, 사내들만의 폭음은 사고로 이어지기 십상이다. 위세대로부터 전해 내려오는 말이다.

"술자리에는 반드시 여자가 있어야 한다. 정 없으면 장모라도 곁에있어야 한다."

여성은 술의 필수적 동반자다. 이는 만국에 공통된 음주문화다. 여성이 술꾼들을 잘 다루기 때문이다. 진지한 이야기든 실없는 이야기든 여성은 사내들의 사연을 잘 들어주고 반응해준다. 왜 사내들이 술집 마담에게 아내나 자신의 비밀을 쉽게 털어놓는 것일까? 편안하게느끼기 때문이다. 김형경은《남자를 위하여》에서 이렇게 말한다.

"남자들이 단둘이 있을 때, 혹은 남자들끼리만 있는 자리에서 얼마나 파괴적이 되는지……. 화제는 저열한 바닥으로 떨어지고, 작은 일로도 극단적으로 대립하며, 곧잘 파괴적인 분위기로 치닫는다. 하지만 그곳에 여자가 한 명이라도 있으면 남자들은 부드러워지고 신사적인 태도를 견지하려고 노력한다. 자기들끼리 경쟁하는 것이 아니라 여자를두고 경쟁하기 때문에 게임의 룰이 다른 방식으로 작동하는 것이다."

대체로 수긍할 만한 관찰이다. 우리 세대 사내들 중에는 술을 마시지 않고는 섹스를 제대로 할 수 없는 경우가 많다. 밝은 곳에서는 전혀 욕망이 일지 않는 사내도 많다. 처음부터 그렇게 시작했고, 오랫동안 몸에 배인 습관이 되었다.

사실 성은 은밀하고 사적인 것이다. 함부로 드러내놓는 게 아니다. 말하기도, 실행에 옮기기에도 왠지 쑥스럽고 계면쩍은 일이다. 정도의 차이가 있을 뿐 부부 사이에도 마찬가지다. 젊은 시절 취기를 빌지 않고는 사랑을 고백할 용기도 내지 못했던 민춤한 세대의 사내들이었다. 그런 그들에게 벌건 대낮에 벌이는 '불륜 행각'은 짐승의 짓거리나 다를 바 없게 느껴졌을 것이다. 요즘 세대처럼 섹스는 건전한 일상이 아니라 지극히 예외적인 사건이었던 것이다.

고대 그리스 시대에는 에로티시즘은 디오니소스 신의 축제와 밀접하게 연관되어 있었다. 통음과 난무를 주요 내용으로 하는 축제였다. 디오니소스는 술의 신, 축제의 신, 위반의 신, 광기의 신이다. 평상시에 금기였던 행위를 축제에서는 위반할 수 있었다.

성과 폭력이 난무하는 디오니소스 축제는 동물적 광기가 신성의 체험으로 구현되는 황홀경의 절정이었다. 종교가 요구하는 것은 과잉이요, 희생이요, 축제다. 황홀경은 고뇌와 죄의식을 동반한다. 이렇듯 디오니소스 축제는 평상시의 인간 질서를 초월하는 종교적 신성의 체험이었다. 그래서 디오니소스교는 로마제국 초기에 기독교의 강력한 경쟁자가 되다가 기독교의 번성과 함께 소멸했다.

기독교의 역사는 에로티시즘에 대한 징벌의 역사다. 영원한 왕국인 낙원은 내세에나 이를 수 있는 곳이다. 성실하고 근면한 노동을 방해하는 현세의 쾌락, 지상의 낙원을 추구하는 디오니소스는 배격되어야 했다.[41] 다음은 보들레르의 명시 〈악의 꽃〉의 구절이다.

지상의 관능은, 그리고 유일한 관능은 확실하게 악을 자행하는 데 있다.

보들레르의 악은 현세의 낙원인 술, 섹스, 마약 등 각종 환각제의 실험실이다. 르네상스는 기독교가 지배하기 이전의 그리스·로마 문화의 부활이자, 한마디로 에로티시즘의 부활이었다. 프랑스의 철학자 미셸 푸코는 오늘날 성의 담론이 풍부해진 원인을 신의 죽음에서 찾았다. 현대사회에서 신을 죽이면 죽일수록 성의 표현은 더욱 자유로워진다는 것이다.[42]

나이 듦의
빛과 그림자

남자는 청춘이 휘몰아치는 리비도 에너지가 잠들 때에야

섹스로는 허전함을 달랠 수 없다는 사실을 깨닫는다.

자신이 평생 추구한 것은 휘몰아치는 섹스가 아니라

편안한 친밀감이었음을 깨치게 되는 것이다.

What
is a
man

자신이 있어야 할 자리를 지킨다는 것

한국은 명함사회다. 명함이 없는 남자는 마치 세상에 존재하지 않는 인간 취급을 받는다. 명함에 새긴 호칭도 모두가 사장, 회장이다. 나이 들수록 평생 지속되는 직업을 택한 사람을 부러워한다. 시인이나 사진작가, 배우 같은 사람들은 명함이 필요 없다. 작품이 명함이고 자신의 존재 자체가 명함이다. 설령 명함을 쓴다고 해도 젊을 때나 노인이 되어서나 같은 직업이다.

대부분의 직장은 55~60세 사이에 마감한다. 게다가 일반인이 체감하는 심리적 정년은 48세 남짓이라고 한다. '철밥통'으로 오래한다는 교수도 65세가 한계다. 그러나 다른 직업보다 시작이 한참 늦은 점을 감안하면 실제 활동기간은 비슷하다. 어쨌든 남자는 명함이 사라지는 것을 가장 두려워한다. 정년 이후에는 자신의 존재를 드러내는 방법은 거의 없다. 권력의 맛에 길들여진 사내에게 세상에서 가장 맥 빠지는 것이 자신의 호칭 앞에 '전前' 자가 달리는 일이다. 높은 지위에 있던 사람일수록 '전' 자를 달면 만년이 우울하다.[43]

많은 교수가 정치나 관직에 관심을 둔다. '학자가 정치에 나서면 성공은 없고 종말만 있을 뿐'이라는 경구가 있다. 정치나 행정은 사람과 제도를 움직이는 일이다. 지식과 이론만으로 되는 것이 아니다. 교수가 강단을 떠나 성공하는 예가 드물다. '공을 이루면 스스로 물러나는 것이 하늘의 도리'라는 말도 있다.[44]

신영복의 《강의》에는 이런 글이 보인다.

"사람이란 모름지기 자기 역량보다 조금 모자라는 자리에 앉아야 한다. 그 자리가 사람보다 크면 사람이 상하게 된다. 어떤 사람은 능력이 100이라면 70 정도의 능력을 요구하는 자리에 앉아야 적당하다. 30 정도 여유가 바로 창조적, 예술적 공간이 되는 것이다. 그 반대의 경우에는 자기도 파괴되고, 그 자리도 파탄된다. 그럼에도 불구하고 능력과 재능 적성에 아랑곳없이 너 나 할 것 없이 큰 자리, 높은 자리를 찾아 앉는 세태는 참으로 어처구니없다."

이 말은 특히 중년, 노년의 '전직' 교수들에게 더없이 귀한 경구가 아닐 수 없다.

중년 남자의 고독

남자의 얼굴은 이력서다. 마흔을 넘긴 남자는 자신의 얼굴에 대한 책임이 있다. 오래전부터 내려오던 말이다. 시오노 나나미는《남자들에게》에서 성공한 중년 남자의 외모를 이렇게 묘사했다.

"성공한 남자란 몸 전체에서 밝은 빛을 발하는 사람이다. 조용한 동작 하나 하나에서 밝은 빛이 새어나오는 그런 사람이다."

성공의 의미는 나이에 따라 다르다. 남자는 자신이 느끼는 자부심을 남이 알아줘야만 성공하는 것이라고 생각한다. 하지만 때 이른 성공이 오히려 인생의 재앙이 되는 경우도 적지 않다. 흔히들 한국 남자의 일생에 생길 수 있는 3대 재앙을 '소년등과, 중년 상처, 그리고 노년 궁핍'이라고 한다.

어린 나이에 세상의 주목을 받으면 평생 큰 짐을 진다. 명문대 수석합격, 수석졸업, 최연소 사법고시 합격 등이 전형적인 경우다. 시험으로 대학생과 관리를 뽑는 나라, 시험만이 유일한 기회 균등과 공정의 상징인 나라에서 시험의 선수가 돋보이는 것은 자연스러운 일이다. 그런데 이들 소년등과자들 중에 후일 조직을 이끄는 리더로 성장하는 사람은 드물다. 타인과의 소통과 인화에 문제를 보이기도 한다. 나이가 어린 것이 남자들의 세계에서 적잖은 핸디캡도 되었을 것이다.

시대가 발전하고 직업도 다양해졌다. 대중의 관심은 새로운 분야의 소년소녀 등과자들에게로 쏠린다. 아이돌 가수, 배우, TV 탤런트 등 인기에 목숨을 거는 이들은 언제나 대중의 주목을 갈구한다. 대중의 표심에 정치생명을 위탁하는 정치인도 마찬가지다. 이들에게 가장 고통스러운 일은 사람들의 뇌리에서 사라지는 것이다. 자신에 관한 기사라면 부고를 제외하고는 내용을 가리지 않고 반기는 것이 스타의 속성이다.

아내를 잃는 것은 한국의 중년사내에게는 커다란 비극이다. 남자들은 자신을 보호하는 능력이 취약하다. 여자의 도움 없이 혼자서 삶을 꾸려나가는 데 익숙하지 않다. 원로 문학평론가 유종호는 〈그 겨울, 그리고 가을: 나의 1951년〉이라는 글에서 이렇게 썼다.

"동사자는 남성뿐이다. 서울역의 노숙자도 여성은 없다. 잉여인간의 대부분은 남성이라는 사실은 여성보다도 남성이 쓸모없는 경우가 많다는 남성중심사회의 반어反語라 하지 않을 수 없다."

소년시절에 전쟁을 체험한 나로서는 무력하게 죽어나자빠진 사람들 중에 여자들이 매우 적다는 사실이 무척이나 기이했다. 평화로운 시기에도 상황은 마찬가지다. 이것만 봐도 남자는 독자적인 생존력이 취약한 동물임이 드러난다.

부양할 자녀가 딸린 중년 남자의 경우는 더욱 그렇다. 이혼한 사내는 심리적 부담 또한 크다. 드물게 사회적 지위와 재력이 든든한 사내들에게는 제2의 인생을 설계할 기회가 주어질지 모르지만 대부분의 남자들에게는 치명적인 비극이다. 그것은 속절없이 한물 간 인생이 아닐 수 없다. 김형경은 그 세대 선배들의 한심스러운 작태를 이렇게 적었다.

"풍부한 재능을 가지고도 빨리 생이 지나가기만을 바라는 듯 지내는 사람, 사회적으로 더 큰 일을 할 수 있을 텐데도 술만 마시는 사람, 후배들에게 어른 노릇해야 마땅한데도 이기적 욕심에 차 있는 사람, 죽을 때까지 안락하게 살 수 있는 재산을 두고도 걸인에게 동전 한 잎 인색한 사람도 많다. 그들은 불행한 시대를 살아내느라 타인에 대한 배려나 이해, 관대함이 없다. 내면에는 다양한 형태의 불안, 분노, 결핍감이 가득 찼을 것이다."

중년 남자는 신체 기능이 현저하게 위축된다. 여자의 갱년기는 비교적 쉽게 증상이 드러난다. 생리가 끊어지고, 시도 때도 없이 덥다고 부채질을 하거나 얼굴이 자주 붉어진다……. 남자에게도 갱년기가 있다. 여성처럼 극적이지는 않지만 분명히 찾아온다. 쉽게 피로하고, 무엇보다도 성욕이 급격하게 떨어진다.

그러나 남자의 갱년기는 외형보다 내면화된다. 삶의 의욕이 저하된다. 그러기에 더욱 힘들지도 모른다. '중년사내의 고독'의 틈새를 노리는 호객꾼들도 많다. 전문적으로 성을 파는 세일즈 레이디들도 즐비하다.

성적 욕망과 능력이 저하되면서 중년 남자는 시각적 욕망에 더 심취한다. 여자는 청각과 후각에 민감하지만, 남자는 시각에 민감하다고 한다. 나이 들어서도 여자에게 눈길을 흘깃거리는 이유는 나이가 들수록 욕망이 그쪽으로 강렬하게 전이되기 때문이라고도 한다.[45]

프랑스 철학자 자크 라캉은 응시는 본질적으로 '사악한 눈', '탐욕으로 가득 찬 눈'이라고 강조한다. 현실적으로 '선한 시선'은 존재하지 않는다. 우리가 만나는 모든 응시가 사악한 이유는 그것이 욕망하는 대상을 향하고 있기 때문이다. 시선은 욕망을 낳고, 욕망은 결핍을 낳고, 결핍은 탐욕을 낳고, 탐욕은 시기심을 낳으며, 시기심은 자기와 아무 상관없는 사람을 공격하는 폭력성을 낳는다.[46]

중년의 사랑과 성

일제 강점기에 일본 도쿄에서 암울한 여건 속에서도 장래의 꿈을 키우던 성실한 고학생 청년이 괴테의 《젊은 베르테르의 고뇌》를 읽고 큰 감명을 받았다. 그 청년은 후일 재벌기업의 총수가 된다. 최고의 중년 남자다. 시오노 나나미의 성공한 남자에게 바치는 예찬은 마치 그에게 건네는 헌사처럼 느껴진다.

'롯데'라는, 그가 창업하여 일본과 고국에서 성공한 기업의 브랜드는 괴테의 여주인공 '샤를 로테'의 애칭이라고 한다. 그는 실제로 작품의 여주인공 샤를 로테의 현신을 현실에서 구했다. 1977년 '미스 롯데 선발대회'는 그렇게 해서 탄생되었다. 청년 시절 그의 의식을 지배해왔던 청순한 여주인공 이미지를 완벽하게 구현한 어린 여성을 찾아냈고, 끈질긴 구애 끝에 아내로 맞는다. 그에게는 지극히 정당한 낭만적 사랑이다.

세상 사람들의 눈에는 재물에 가려진 사랑으로 비친다고 해서 진정한 사랑이 아닐 수는 없다. 그것은 자신의 긴 인생에서 이루었던 그 무엇보다도 소중한 성취였을지 모른다. 이제 정신의 줄기가 송두리째 흐트러진 만년의 그에게 서른일곱 살 아래인 중년의 아내가 지니는 의미는 무엇일지 궁금하기만 하다.

사랑도 권력 관계다. 누가 더 많이 사랑하느냐에 따라 갑을관계가 결정된다. 대개는 젊고 예쁜 여자가 갑이고, 나이 든 남자가 을이다. 이 관계를 대등하게 만들거나 역전시키는 방법은 돈이다.[47] 중년 남자가 사랑의 주도권을 잡을 수 있는 것은 돈과 권력을 쥐고 있기 때문이다.

어느 사회에서나 남자가 돈을 쥐고 있는 한 '원조교제'가 있다. 원조교제는 철저한 자본주의 윤리와 논리에 따라 움직이는 남녀관계다. 아마도 미국에서 가장 먼저 일종의 사회제도로 공인받았을 것이다.

이것은 또한 20세기 초중반에 미국의 대중잡지가 창조해낸 환상이기도 하다. 남녀의 나이와 사회적 지위에 현격한 차이가 난다. 키도, 가슴도 큰 젊은 쇼걸을 옆에 거느린 키 작고 배가 불룩 나온 중년 남자의 모습은 '돈과 섹스, 지갑과 가슴의 결합'이라는 도식을 만들어냈다.

미국에서 현대 여성의 아름다움에 관한 이상을 묘사할 때 '큰 가슴'과 '비싸다'는 두 단어는 의미가 연결되어 있다. 사내는 고액의 비용을 기꺼이 감당함으로써 자본의 권력을 과시한다. 소비문화와 상품화를 부추기는 지극히 미국적인 세계관이다. 인류학자 마가레트 미드Marga-ret Mead는 1940년대 미국의 연애 관습을 이렇게 묘사한다.

"남자는 새로 산 자동차를 몰고 나가듯이 여자를 데리고 외출한다. 그런데 표정이 무덤덤하다. 자동차는 오랫동안 본인의 소유겠지만 여자는 잠시 동안만 소유한다."

여자와 자동차를 동일시하는 태도, 양자 모두 값비싼 물건이다. 둘 다 스타일과 모델이 다양하고, 운전을 통해 성능을 확인할 수 있다. 남자가 데리고 다니는 여성은 운전하는 자동차처럼 남자의 취향과 재산을 공적으로 규정한다. 미국 남자에게 자신의 자동차를 남에게 운전하도록 맡기는 것은 마치 아내를 빌려주듯이 치욕스러운 일이라는 관념도 이렇게 형성되었다.[48]

무라카미 류는《자살보다 섹스》에서 이렇게 단언했다.

"중년의 사랑에 필요한 것은 사랑 그 자체가 아니라 체력이다. 흔히 사랑만 있으면 나이 차이 같은 것은 아무 문제도 없다고 하지만 이 말은 사랑과 체력을 바꾸어 잘못 말한 것이다."

많은 남자들이 중년의 위기에서 열정의 불을 지피고 싶을 때 시도하는 가장 보편적 방법이 외도다. 실제로 젊은 여성은 중년 남자가 원하는 것을 준다. 그를 존경하고, 그가 주는 것에 감사하고, 그가 되찾고 싶어 하는 장소에 따라간다.

젊은 애인과 함께하면서 중년 사내는 새로운 성적 충동에 눈뜨고, 마치 삶이 회생하는 듯한 기분이 든다. 아내들은 경악하지만, 남편은 외도한 사실에 죄의식이나 미안함을 느끼지 않는다. 자신의 성적 능력을 되살리는 일이 너무나 급한 나머지 다른 사람의 입장이나 감정을 돌아볼 여유가 없다.

"중년이 되면 더 이상 섹스를 통해 남성다움을 인정받으려는 생각을 버려야 한다. 청년시절에 섹스로 일원화해둔 욕구와 감정의 창구를 다원화해야 한다. 섹스가 아닌 대화로 감정을 표현하고, 섹스가 아닌 운동이나 취미생활에서 모험심을 추구하고, 섹스가 아닌 업무영역에서 성취감을 느끼도록 해야 한다."

이것이 김형경의 교과서적인 충고다. 그러나 교과서가 제시하는 표준적 정답은 밋밋하다. 뭔가 군침이 돌 만큼 상큼한 별미를 찾는 것이 사내의 생리다.

리베카 솔닛은 《남자들은 자꾸 나를 가르치려 든다》에서 이렇게 말한다.

"남자는 자기가 진정으로 원하는 것이 무엇인지 모르는 상태로 지낸다. 아무리 섹스를 많이 해도 행위 뒤의 허탈감을 지울 수가 없다. 아무리 많은 여자를 만나도 돌아서면 적막감의 늪에 빠진다. 자신이 진정으로 원하는 것이 육체적 긴장 완화 수단으로서의 섹스가 아니라는 사실을 깨닫기까지 남자는 헛된 시도를 되풀이한다. 그러다 청춘이 휘몰아치는 리비도 에너지가 잠드는 시기에야 섹스로 허전한 내면을 달랠 수 없다는 사실을 깨닫는다. 자신이 평생 추구해온 것은 휘몰아치는 섹스가 아니라 편안한 친밀감이었음을 깨치게 되는 것이다."

김형경은 여기에 이런 말을 덧붙인다.

"그래서 아버지 역할을 하는 남자와 딸 역할을 하는 여자 커플은 재앙을 향해 달려갈 확률이 높다. 남자가 너무 큰 짐을 지기 때문이다. 반대로 엄마 역할을 하는 아내와 아들 역할을 하는 남자 커플 사이는 쉽게 안정을 찾는다. 놀라운 일이 아니다. 아무리 나이 먹은 남자라도 그 내면에는 아이가 있기 때문에 죽을 때까지 모성을 그리워한다."

서초동의 대법원 법원행정처에 근무하던 한 엘리트 판사에게 큰 일이 벌어졌다. 야근을 앞두고 인근 식당에서 저녁식사를 했다. 연일 격무에 심신이 지쳤다. 우울했다. 술 한잔을 곁들였다. 심신의 긴장이 약간 풀어졌다. 그의 흐릿한 눈동자 속으로 분홍색 전단지가 스며들었다. 무심코 거기 적힌 번호를 눌렀다. 젊은 여성이 더없이 상냥한 목소리로 받았다. 함께 모텔에 들었다. 그런데 운이 나빴다. 경찰의 현장 단속에 걸린 것이다. 성매매 처벌특별법 위반이다. 이 법은 성을 파는 사람뿐만 아니라 사는 사람도 처벌한다.

성욕이란 것은 모든 사내에게 숨은 절실한 욕구다. 살인, 절도, 강도와 같은 범죄는 누구나 쉽게 저지르지 않는다. 비록 음주 후 인사불성 상태에서도 이런 행위는 좀체 범하지 않는다. 오랜 학습을 통해 잠재의식 속에 확실한 금기로 각인되어 있기 때문이다.

그러나 성행위는 다르다. 남자의 성은 금기가 아니다. 오히려 성행위를 조장하는 사회문화다. 다만 상시 대면하는 특정인만을 상대로 반복하고, 그 사람과 습관적으로 성행위를 해야 한다. 그것이 일부일처제의 기본 규범이다.

그러나 이는 본질적으로 사내의 생체리듬에 어긋난다. 오로지 윤리와 도덕이라는 인위적인 의식의 조작을 통해 본능을 제어해야만 한다. 그래서 사내는 언제나 용감한 선택과 부자유스러운 자제 사이에서 고민해야 한다.

한때 판검사에게 으레 주어지던 작은 일탈에 대한 면죄부는 옛날이야기가 되었다. 지위 고하를 막론하고 음주운전은 가차 없이 처벌받는다. 성매매도 마찬가지다. 경찰의 수사를 지휘하는 상급기관인 검찰도 예외가 아니다. 검경수사권 갈등 등 때때로 경찰과 검찰 사이에 긴장이 고조될 때는 현직 검사의 탈선이나 비행을 찾아내는 경찰관에게는 근무 평점에서 가산점이 주어지기도 한다.

법원과 검찰 사이에 껄끄러울 때면 현직 판사의 비리에 대해 검찰의 촉수가 예민하게 작동한다. 이는 모든 권력기관의 본성이다. 당황한 대법원은 즉시 진상 조사에 나섰고, 징계 절차에 착수했다. 한 유능한 법관의, 이룬 것만큼 장래도 촉망되던 법조 인생은 전단지에 적힌 전화번호를 누른 순간 사실상 끝장이 났다.

그 불행한 판사가 처했던 구체적 사정과 사건의 세부적 정황은 잘 모른다. 그러나 그의 입장에서 생각할 수 있는 전형적인 시나리오를 생각하면 일말의 동정을 금할 수가 없다. 판사의 일상은 일반인이 생각하는 만큼 화려하지 않다. 서울의 젊은 판사는 대부분 지하철로 출퇴근한다. 항상 격무에 시달리고, 취미생활을 즐길 여유도 없다. 부러워하는 사람은 많을지 모르나 존경하는 사람은 많지 않다.

문제된 법관의 연령이라면 대개 결혼한 지 15년 내지 20년이다. 아내는 한국의 어머니가 대부분 그러하듯이 자녀교육에 몰입한 나머지 남편의 잠자리 보살핌에는 관심이 없다. 이런 답답한 사정이 위법과 탈선의 변명이 될 리는 없다. 다만 남자의 성욕이란 때로는 어이 없이 악마의 유혹에 굴복한다. 이는 사내의 치명적 약점이다.

노인의 사랑과 성

건강하게, 그리고 품위 있게 늙는 것은 모든 사람의 바람이다. 늙음은 누구에게나 찾아온다. 불안도 누구에게나 찾아든다. 그러나 노인의 불안은 단순한 불안이 아니라 공포. 그리고 그 공포는 벗어던지기 힘들다. 남자는 늙으면 여자보다 더욱 성적 무력감에 민감하다. 여자의 경우 갱년기가 지나면 대체로 성에 무관심하게 된다. 어쩌면 여성의 생래적 역할인 출산과 생명 재창조의 임무를 면제받았다는 해방감이 작용하는지도 모른다.

그러나 남자는 죽는 순간까지 성에 대한 집착을 버리지 못한다. 생의 마지막 순간 생명의 씨앗을 갈무리하고 있으면서 언제라도 뿌릴 기회가 있을 것이라는 기대를 품는다. 그러다 하초에 힘이 빠지고 소변 줄기가 제자리에 멈출 때 남자의 허무는 극도에 달한다.

"남자가 흘리면 안 되는 것은 눈물만이 아닙니다."

공중화장실 남자 소변기 앞에 적힌 경구다. 보다 노골적인 경고도 있다.

"60세 이상인 분은 좌식변기를 이용해주세요."

'한 걸음 다가서면 문명도 한 단계 나아간다一步前進, 文明一進'는 중국의 화장실에 적혀 있는 거대담론이다. 발기불능은 남자에게 죽음이나 마찬가지다. 자신의 성기가 소변 전용기로 전락하면서 사내는 엄청난 심리적 좌절감을 느낀다. 오십견이나 노안, 척추디스크, 또는 심지어는 암과도 차원이 다른 좌절감이다. 그것은 마치 생의 종말에 선 느낌이다. 신체의 다른 기관이 더 이상 반응할 수 없는 성적 욕망이 희미한 눈동자에만 남아 있는 노인의 처연한 모습을 김형경은 이렇게 묘사했다.

"노인은 간절하고도 경건한 눈빛으로 그 여자의 몸을 바라보는 중이었다. 그녀의 움직임을 좇아 노인의 고개는 왼편에서 오른편으로 완전히 돌아갔다. 그 후에도 여자의 뒷모습이 거리 끝으로 사라질 때까지 그쪽으로 고정되어 있었다. ……걸을 힘조차 없어 보이는 노인에게도 여자의 몸을 보는 일이 그토록 중요하구나. 여자의 몸을 보는 동안은 놀라운 집중력과 경건함을 발휘하는구나. 그 장면은 지워지지 않는 암각화처럼 기억에 새겨졌고, 한없이 쓸쓸하면서도 비루한 인간 본질을 나타내는 표상처럼 여겨졌다."

이창동 감독의 영화 〈시〉에서, 거동조차 부자유스러운 노인이 병수

발을 위해 온 중년의 도우미 미자의 몸에 눈빛을 보낸다. 배우 김희라의 표정이 그렇게 절실할 수 없다. 그 절실한 노인에게 건네는 중년 아낙네의 육보시肉普施는 경건하기까지 하다.

중국문화권에는 젊은 여자의 체취가 노인에게 불로초 선약이라는 오래된 전설이 전해진다. 서양도 다르지 않은 것 같다. 구약성경 〈열왕기(상)〉에는 노인의 삶에 젊은 여성이 도움이 된다는 내용이 적혀 있다. '다윗 왕이 늙어 이불을 덮어도 몸이 더워지지 아니함에, 젊은 처녀는 어린 소녀를 하나 구해서 품에 안고 자도록 보살폈다'는 글이다. 이와 더불어 성경은 굳이 '그러나 이 소녀는 왕을 수종, 봉양하였으나 동침하지는 아니하였다'라는 사족을 달아두고 있다.

'비아그라'의 발명은 남자 노인의 삶에 엄청난 변화를 일으켰다. 비아그라가 등장하면서 한약의 수요가 급감했다. 오랜 세월 동안 철철이 지어 먹던 보약은 특정한 증상보다는 신체의 기본적 기능을 원활하게 만드는 밑거름 역할을 했다. 중년 이후 남자의 보약은 무엇보다도 정력제로서 큰 효용이 있는 것으로 인식되었다.《동의보감》의 허준은 이렇게 말했다.

"병도 긴 눈으로 보면 하나의 수양이다. 병이 생겼을 때, 남자인 경우에는 관계를 과도하였기 때문이 아닌가를 살피고, 여자라면 생리상태와 임신 여부를 따져야 하느니라."

《심청전》도 노인의 성과 관련된 이야기다. 인당수 험한 바다에 뱃길을 연다는 명목으로 제물을 사들인 남경 상인은 실제로는 늙은 아버지의 잠자리를 시중해줄 동녀童女를 구하는 효성 지극한 아들이었다. 작가 황석영의 발상은 단순한 허구에 불과하지만, 일말의 역사적 개연성의 여지는 남겨두었다.

고려와 조선조 내내 서해안에 출몰하여 어린 여자를 잡아간 왜구나 오랑캐들에 관한 흉흉한 민담이 전해오고 있었다. 일제시대의 작가 채만식과 1960년대《광장》의 작가 최인훈도 심청을 소재로 희곡을 썼다. 황석영의 소설도 뒤따랐다. 문학평론가 김윤식의 진단이 흥미롭다.

"용궁이란 바로 남경의 매춘부 집을 말한다. 과년한 딸은 장님이 아니라도 홀아비 아비와 함께 살 수 없다. 근친상간을 피하려면 집을 떠나야 한다."

효녀 심청의 한반도 송출 사건 이면에는 노인의 성적 욕구가 드리워져 있다는 이야기다. 의식을 잃고 2년째 침상에 누워 있는 삼성그룹 총수의 이야기가 얼마 전 화제였다. 몇 해 전 한꺼번에 여러 여성을 불러 성을 산 정황이 담긴 동영상이 공개되어 물의를 일으킨 것이다. 유흥업소 종업원들의 대화 속에 만족스러운 서비스 대가로 회장은 한 사람당 500만 원을 지불했다는 내용이 담겨 있다. 스쳐가는 작은 서비스에 비하면 매우 큰돈이다. 그러나 그의 엄청난 재산을 국민의 평균 재산으로 환산하면 단돈 142원에 해당한다는 짓궂은 네티즌의 냉소가 따랐다.

국회의장까지 지낸 70대 후반의 정치인이 골프장 캐디에게 진한 성적 농담을 건네다 법정에 서는 망신을 당한 적이 있다. 오너가 아닌 경영자로 재벌그룹의 총수가 된 영광을 누린 사람도 비슷한 일로 구설수에 올랐었다. 근래 들어 사회적 지위와 이미지에 걸맞지 않은 노신사들의 일탈이 속속 언론에 공개된다. 과거에는 전혀 거론조차 되지 않았던 고령의 권력자들의 추한 모습이 백일하에 드러나는 것이다.

'문지방을 건널 다리 힘과 종잇장을 들어 올릴 팔 힘만 있으면 섹스가 가능하다'는 오래된 속설이 있다. 인생의 황혼기에 들면서 더욱 성에 집착하는 것이 사내의 생리다. 자신이 살아 있다는 증거를 성적 능력에서 확인하고 싶어 하는 것이다. 소변 조절 기능이 떨어져서 기저귀를 차고 다니면서도 죽기 직전까지 젊은 여성과 섹스를 했다는 재벌 총수의 신화도 있다. 노인의 성적 판타지는 자신이 세상에 존재하는 마지막 이유이기도 하다. 옛날 일본 정치인들 사이에 통용되던 일종의 잠언이다.

"가운뎃다리 힘이 빠져야 국정을 논할 자격이 있다."

그만큼 성욕은 본능적이고 절박하기에 쉽게 이성과 균형감을 잃게 만든다는 뜻이다. 요컨대 성욕을 품위 있게 유지하고 다스리는 것이 늙은 남자의 지혜의 요체일 것이다.

여자는 얼굴로 늙고, 남자는 마음으로 늙는다

'여자는 얼굴로 늙고, 남자는 마음으로 늙는다'는 영국 속담이 있다.

마음은 몸의 징표다. 비록 마음이 동해도 성기능을 상실한 노인에게는 자위는 고사하고 몽정도 일어나지 않는다. 꿈속의 사랑마저 잃어버린 것이다.

20세기의 가장 위대한 시인의 한 사람으로 추앙받는 시인 오든W. H Auden은 〈법은 사랑처럼〉이라는 제목의 시를 썼다.

노쇠한impotent 할아버지 준엄하게 꾸짖네.
법은 노인의 지혜라고.[49]

오든은 노인의 특성을 묘사하기 위해 '발기불능impotent'이라는 단어를 썼다. 아마도 당시까지의 시어로서는 매우 이례적인 선택이었을 것이다. 젊은이들의 반응은 냉소적이었다.

손자놈 혀 길게 빼물고 맞서네.
법은 젊은이의 감각이라고.[50]

항상 발기하다시피 하는 청년이 생명의 재생산 능력이 죽고 사회적 기여의 여지마저 절멸된 인간 폐물에게 내뱉는 경멸의 언사다. '발기불능'이라는 말은 단순히 신체적 불능만을 의미하지 않고 도덕적 의미도 함축되어 있다. 즉 체면과 남성성을 조롱하고, 파트너의 인격과 외모를 모욕하는 비극적 단어다.

인류사에 비극은 수없이 많지만 커플이 간절하게 섹스를 시도하는데 남자가 발기가 안 되어 뜻을 이루지 못하는 그런 비극보다 더 지독한 일은 찾기 힘들다. 그 순간 자살의 충동을 받는 사내도 많다. 발기불능의 진짜 문제는 성적 쾌감의 상실과는 별반 관련이 없다. 성적 쾌감은 마스터베이션으로 보충할 수 있다. 발기불능은 당사자와 파트너에게 자존심에 가해지는 상처와 충격, 무기력이 무엇인가를 절감케 하는 비극이다.[51]

젊은이의 경우, 발기불능은 단순히 심리적 원인이다. 중년의 경우도 심리적 요인이 크게 작동한다. 그러나 노인의 경우는 다르다. 그것은 영원한 죽음이다. 새벽에 음경이 발기되지 않는 사내에게는 돈을 빌려주지 말라는 일본 상인의 잠언도 있다. 나와 같은 세대의 한국 남자들에게도 그다지 낯설지 않은 위세대의 객담이다.

가난한 노인에게 성은 사치다. 다음은 대표적인 고령화 사회인 일본의 '노인건강 매뉴얼'의 한 구절이다.

"신체 어디가 얼마나 아프든 절대 섹스 생각을 버려서는 안 된다."

실제로 성행위를 하든 안 하든 관심의 끈을 놓지 말고 섹스 영화나 동영상을 보라는 충고다. 미국 유학시절에 순전한 호기심 때문에 성인영화관을 들른 적이 있다. 대낮인데 혼자 온 노인이 그렇게나 많았던 사실에 놀랐었다. 그 한심한 노인들에게 은근한 경멸의 시선을 보냈던 자신을 되돌아보게 된다.

노인의 궁핍은 최대 재앙이다

소년등과나 중년 상처보다 더욱 치명적인 재앙은 노년의 궁핍이다. 자본주의 사회에서 노년의 최대 권력은 재물이다. 연륜이 쌓인 지혜도 재물이 동반될 때에만 약간의 권위를 더해줄 뿐이다.

"젊은 시절에는 골프에 술값 펑펑."

"아들 집 사주고, 아내에게 밍크코트 사주고."

"70대에 택배 배달로 근근이."

"할 수 있는 것은 경비, 청소뿐."

'중산층의 실버 파산' 현상을 보도한 어느 일간지 기사의 소제목들이다.[52] 우리보다 앞서 고령화 사회가 된 일본의 경우는 '실버 파산'이 중대한 사회문제가 되었다. 이혼, 질병, 자녀 문제로 생활보호 대상자의 절반이 노인이다. 노인가구 17%는 단 한 푼의 저축도 없다고 한다.

서울 시내의 택시기사는 고령자가 많다. 항시 긴장을 요하는 노동에 비해 수입이 높지 않은 직종이어서 부양가족이 딸린 젊은이에게는 대책이 서지 않는 직업이다. 나이 들어 다니던 직장에서 퇴출당하고 달리 뾰족한 수가 없어 푼돈이라 벌기 위해 나섰다는 사람이 다수다. 공무원, 군인, 교사 등 은퇴 후에 연금으로 사는 노인은 상대적으로 행복하다. 그렇더라도 경제적으로 독립하지 못한 자녀가 딸린 경우는 동반 파탄이 따른다. 잊히는 것이 자연스러운 나이에 생뚱맞게 정부 프로젝트를 맡은 원로학자 중에는 속사정이 돈 때문인 경우가 적지 않다.

"아들은 부모를 간병할 수 없다!"

중년, 또는 노년의 문제를 두고 '또 하나의 남성학'이라 명명한 일본 사회학자도 있다. 고령의 부모를 간병하는 준고령, 또는 중년의 아들은 일본사회에 흔한 현상이 되었다. 그런 아들이 '문제 간병인'으로 논란이 된 경우가 많다. 아들이 부모를 간병할 경우 오히려 학대할 위험이 높다는 연구 결과다.[53]

시들어가는 육체든 흐릿해가는 정신이든 약한 자의 고통을 살피는 것은 남자의 본성도, 습관도 아니다. 성장기에 훈련된 효도의식도 무력한 중년 사내에게는 무의미해진다. '긴 병에 효자 없다'는 우리의 잠언도 있다. 그나마 아직 효녀는 많은 편이다. 자신의 보호에도 취약하고 약한 타인에 대한 배려도 인색한 것, 바로 그것이 남자의 속성이다. 작가 박범신은 다시 태어나면 다음 세 가지는 절대로 하지 않을 것이라고 다짐한다.

첫째는 아버지가 되는 일, 둘째는 결혼, 그리고 세 번째로 소설 쓰기. 세상과의 불화에서 유래하는 슬픔들은 그의 모든 작품에 깔려 있다. 많은 슬픔 중에 가장 슬픈 것이 늙어가는 슬픔이다. 2010년에 발표한 그의 작품《은교》는 그러한 슬픔을 절절하게 그렸다.[54]

"너의 젊음이 너의 노력으로 얻은 상이 아니듯이, 내 늙음도 내 잘못으로 받은 벌이 아니다."

70대 노시인과 17세 소녀 사이의 애처로운 사랑을 가로막는 것은 몸의 상태다. 어설픈 위안이나 헛된 망집처럼 나이는 숫자에 불과한 것이 아니다. 나이는 엄연한 현실적 사랑의 조건이요 몸의 상태다.

"사람들이 나를 주인공으로 볼까? 이렇게 생각하면서 소설을 써요. 문학이란 건 허위로 쓰는 거지만, 삶의 본질 속에 내재한 진실을 목표로 하고 있기 때문에 두렵지 않아요. 그 소설에서 노인이 보여주는 그 욕망도 대부분 내 안에 들어 있는 것들이지요."

박범신의 진솔한 고백으로도 덮을 수 없는 애절한 늙음의 허무와 비애가 진하게 전해온다.

노년기의 지혜로운 삶

내려갈 때 보았네
올라갈 때 보지 못한
그 꽃

고은의 시구 중에 대중에게 가장 널리 알려진 〈순간의 꽃〉의 한 구절이다. 노인의 지혜와 경륜을 상징하는 것으로 읽힌다. 그러나 누리던 권력을 잃은 노인은 비참하다.

"비참할 때 행복한 시절을 회상하는 것보다 더 큰 고통은 없다."

이 말은 단테의 《신곡Divina Commedia》에 나오는 한 구절이다. 시오노 나나미는 《남자들에게》에서 오늘을 사는 노인들에게 이런 충고를 건넨다.

"자기 나이를 잊지 말 것, 억지로 젊은 척하지 말 것, 사랑을 하되 자신의 나이에 맞는 방법의 사랑을 할 것."

괴테는 '더 이상 사랑하지도 헤매지도 않는다면, 그런 사람을 기다리고 있는 것은 죽음뿐'이라고 말했다. 1823년, 마치 죽음에 저항이라도 하듯이 일흔넷의 괴테는 열아홉 소녀와 사랑에 빠진다. 신병으로 요양하던 온천지에서 일어난 일이다. 공교롭게도 15년 전에 그녀의 어머니를 사랑한 적도 있었다. 육신의 병이 나은 노시인은 대신 마음의 병을 얻었다. 돌아오는 긴 마차 길에서 〈마리엔바트의 비가Marien-bader Elegie〉를 쓰지만, 마지막 순간에 공식적인 구애를 멈춘다. 실로 현명한 결정이었다. 키케로는 다음과 같은 명언을 남겼다.

"노인의 탐욕이란 나그네길이 얼마 남지 않았는데 노잣돈을 더 마련하려는 것과 마찬가지로 어리석은 것이 아닌가?"

"말로 자기 인생을 변호해야 하는 노년은 불쌍하다."

"백발이나 주름살로도 갑자기 권위를 만들 수는 없다. 권위란 명예롭게 보낸 지난 세월의 마지막 결산이다."

"큰일은 체력이나 민첩성이나 신체의 기민성이 아니라 계획과 평판과 판단력에 따라 이루어진다. 이러한 자질은 대개 노인이 되면 줄어드는 것이 아니라 오히려 늘어난다."[55]

암울했던 군사독재 시절에 '마지막 선비'로 존경받던 약전 김성식 교수가 추례한 노인 명사들에게 보낸 경고는 새삼 새겨들어야 할 충고가 아닐 수 없다.

"세상을 다 산 사람에게 노욕이 생겨 만년을 망치는 실례를 수없이 본다. 노욕을 가진 사람은 일신의 안위를 염려하여 할 말도 못하고 과분한 욕심 때문에 분수에 넘치는 일을 하고 사소한 개인감정으로 대의를 저버리기 일쑤다. 세월이 차면 생명도 가기 마련이고 생명이 다하면 돈도 명예도 필요 없겠건만 왜 늙은이들이 노욕 때문에 추하게 늙어가고 있는지 알 수 없는 일이다. 큰소리치고 세상을 놀라게 하던 명사들이 다 늙어서 자기 의사대로 행동하지 못하고 돈 따라 권력 따라 노구를 이끌고 다닌다는 것은 민망스러울 정도다."[56]

사람의 성품은 타고나는가, 아니면 후천적으로 형성되는가? 교육학의 해묵은 논쟁거리다. '본성인가, 아니면 교육인가nature or nurture?' 이 진부한 관용구는 셰익스피어의 작품 《템페스트》에서 따온 것이라고 한다.

"그는 악마, 타고난 악마, 그의 본성은 교육으로 다스릴 수 없도다."

《이기적 유전자》, 《만들어진 신》 등의 획기적 저술로 인류의 개명을 크게 도운 리처드 도킨스Richard Dawkins는 근래 펴낸 자서전에 이 구절을 인용한다. 그는 옥스퍼드 학생 시절에 막 껍질을 벗고 나온 햇병아리가 쪼는 방향에 대해 연구했다. 이 연구를 바탕으로 삼아 후일 인류의 진화과정에서 '자연선택'으로 누적된 '사전정보'가 존재한다는 사실을 밝혀냈다고 한다. 한마디로 사람에게는 타고난 '본성'이 존재한다는 것이다.*

자연과학자와는 달리 많은 인문학자들은 본성보다 교육에 비중을 둔다. 한자문화권의 최대 고전인 《논어》에는 이런 구절이 있다.

"타고난 본성은 서로 비슷하지만 익힌 습성에 따라 서로 멀어진다."

* 리차드 도킨스, 김영남 옮김, 《리처드 도킨스 자서전 1: 어느 과학자의 탄생》, 김영사

'미국문학의 아버지'로 불리는 마크 트웨인Mark Twain도 후천적 환경과 교육의 중요성을 강조했다. 만년의 작품,《얼간이 윌슨The Tragedy of Pudd'nhead Wilson》은 노예제를 고수하고 흑인은 생래적으로 열등하다고 믿는 백인사회의 편견을 비판한 작품이다.**

노예제를 유지하는 마을에 두 신생아가 동시에 태어난다. 둘 다 겉모습은 완전한 백인이나 한 아이는 흑인 피를 32분의 1 받았다. 지극히 비상식적인 법에 따라 그는 흑인 신분으로 규정된다. 흑인 아들의 장래를 걱정한 어머니는 둘을 바꿔치기하고 흑인 아이는 백인 도련님으로, 백인 아이는 흑인 노예로 자란다. 성장과정에서 얻은 습성과 받은 교육에 따라 백인 도련님은 악인이 되고 무식한 흑인은 선량한 인간으로 남는다.

이 작품은 인종문제와 더불어 한 몸속에 존재하는 두 사람의 도덕적 이질자 문제를 파헤친 수작으로 평가된다. 인류가 수만 년 진화를 거듭하면서 분명히 남녀 사이에 누적된 생래적 차이가 존재할 것이다. 그러나 그 차이는 고정, 불변의 것이 아니라 후천적 습관과 교육에 따라 변할 수 있다는 것이 교육론자들의 믿음이다.

영국의 소설가, 버지니아 울프Virginia Woolf는 한 사람의 몸에 남녀, 양성이 존재한다는 주장을 폈다. 세계 지성사에 울프가 차지하는 비중은 크다. 20세기 전반에 '의식의 흐름' 기법을 도입한 소설혁명의 선구자, 산문을 시의 수준으로 끌어올린 언어의 마술사 등등 울프에

** 안경환,《법과 문학 사이》, 까치

게 따르는 수식어도 많다. 우울증을 앓다 자살로 마감한 비운의 생애가 더욱 신비감을 더해주었다. 1960년 이후 페미니즘이 새로운 시대조류로 부상하면서 울프는 현대페미니즘의 대모로 추앙받기도 했다.

울프의 에세이, 《자기만의 방A Room of One's Own》은 고전적 페미니스트 경전이다. 여성이 자아를 실현하기 위한 전제조건으로 독립된 공간과 경제적 안정이 필수다. 이 작품에서 울프는 16세기로 거슬러 올라가 셰익스피어의 여동생, 주디스라는 가상적 인물의 생애를 조명한다. 학교 문전에도 가보지 못한 채 가사노동만을 유일한 삶으로 강요받은 시골처녀는 부모가 정해주는 남자에게 시집가기를 거부한다. 인습의 틀에 묶인 종속적 삶을 거부한 주디스는 작가의 꿈을 안고 런던으로 향한다.

그러나 희망의 도시, 런던에서 그녀가 맞닥뜨린 것은 수도의 안개 점점마다 박힌 남성 기득권자들의 경멸과 질시의 눈초리였다. 기껏해야 가장 온정적인 사내들이 이따금씩 건네는 1페니짜리 빵만큼이나 가벼운 동정뿐이었다. 고정적인 수입과 자신만의 방을 갖지 못한 그녀가 작가가 되는 것은 원초적으로 불가능한 일이었다. 견고한 남성적 제도에 박해받다 못해 유린당한 주디스는 비참한 죽음을 맞는다. 울프는 만약 오빠 윌리엄에 뒤지지 않은 재능의 소유자인 주디스에게 "연간 500파운드의 수입과 자신만의 방이 있었더라면" 그렇게 허무하게 생을 마감하지 않았을 것이라고 한탄한다.

그러나 현대 페미니스트 운동에 기여한 울프의 지대한 공적에도 불구하고 울프의 진면목을 남녀는 한 몸속에 공존하는 양대 미덕이라는 선구적 주장을 편 데서 찾아볼 수 있다. 울프가 전성기에 쓴 소설《올란도Orlando: A Biography》의 주인공은 남녀의 성을 번갈아가며 400년 동안 폭넓은 체험을 한다. 한 사람에 내재해 있는 남성적 미덕과 여성적 미덕을 조화함으로써 한 인간과 사회의 총체적 발전을 도모한다는 메시지를 던진 것이다. 남자든 여자든 '자기만의 방'도 필요하지만 함께 삶을 나누는 '우리의 방'도 필요한 것이다.

이 땅에 신문학이 탄생한 이래 작가들은 자기만의 방을 찾으려는 여인들의 노력을 탐구했다. 김동인은 〈감자〉와 〈김연실전〉에서 '남자의 방', '타인의 방'을 탈출하려는 여성의 원초적인 본능과 무의식을 그렸다. 아무런 윤리적 죄의식 없이 자신의 성을 돈과 바꾸다 정부의 손에 살해되는 무식한 복녀는 몸은 여성 자신의 것임을 주장한다. 유교 인습을 벗어나려는 김연실은 서구문화에 대한 동경과 함께 성해방을 갈구한다.

〈빈처〉, 〈운수 좋은 날〉 같은 작품에서 여성의 무식, 순진, 종속을 미덕으로 내세우던 현진건도 〈불〉에서는 여성의 성적 독립운동을 정면으로 수용했다. 열다섯 어린 나이에 밤마다 남편의 성적 폭력에 시달리던 순이는 과감하게 '남편의 방', '타인의 방', '원수의 방'을 불 지르고 뛰쳐나온다. 사내의 방을 파괴하는 일은 곧바로 자신의 방을 건설하기 위한 전초작업이었을 것이다.

광인인지 천재인지, 아니면 둘 다인지 논쟁이 끊이지 않는 이상은

〈날개〉와 〈봉별기〉에 자신의 방을 갖지 못하고 여자의 방에 더부살이하는 사내의 추레한 모습을 그렸다. 그의 시도는 후세 여성들의 잠재력에 대한 천재적 예언이었다는 해석도 따른다. 과거에야 어쨌든 그 동안 세상은 달라졌다. 이제는 개인적 차원이든 사회적 차원이든 남녀의 대비와 구분보다 개개인의 존엄이 핵심적 논제가 된 것이다.

연탄재 함부로 발로 차지 마라
너는
누구에게 한 번이라도 뜨거운 사람이었느냐
–안도현, 〈너에게 묻는다〉

결이 고우나 심주가 굳은 시인 안도현이 이웃과 세상을 향해 쏟아
낸 아우성이다.

또 다른 말도 많고 많지만
삶이란
나 아닌 그 누구에게
기꺼이 연탄 한 장 되는 것
–안도현, 〈연탄 한 장〉

벌겋게 달아오른 연탄 밑불이 위에 새로 놓이는 연탄에게 불꽃을

넘겨주듯이 20세기의 연탄은 21세기에도 꺼지지 않고 있다.* 역사는 파괴와 새로운 창조가 아니라 연속적인 발전과정이다. 때로는 잠시 제자리에 머뭇거리기도, 뒷걸음치기도 하지만 곧 추슬러 앞으로 나아가는 것이 인류의 걸음이다. 태곳적부터 남자와 여자, 여자와 남자가 '함께' 살았지만 항상 '더불어' 산 것은 아니었다. 20세기까지는 대체로 남자의 시대였다. 그러나 새 세기는 확연하게 달라지고 있다.

사람은 누구나 과도기를 사는 '긴 세대'다. 경계인으로서의 어색함과 불편함에 당혹스러워한다. 동시에 되돌아보기와 내다보기를 함께 즐기는 행운을 누리기도 한다. 남자든 여자든, 또는 제3의 성이든 모두가 엄연한 사람이다. 사람은 누구나 연탄재처럼 뜨거운 존재가 되어야 한다. 이 책은 성별과 세대를 넘는 소망을 품은 한 경계인의 넋두리다. 그렇게 접어주고 읽어주시기 바란다. 산뜻한 가심질로 마무리 작업을 이끌어준 홍익출판사의 편집진에 감사드린다.

* 안도현, 《그런 일》, 삼인

ENDNOTES

도서의 경우 저자, 번역자, 도서, 출판사를 차례로 표기했다.
일간지의 경우 기사명만 기재하되, 소속 기자가 아닌
외부 필자의 경우에는 기사명 앞에 필자명을 기재했다.

Part 1. 남자의 본성

1. 남자의 뇌, 여자의 뇌

1. 마이클 거리언, 안미경 옮김, 《남자는 도대체 무슨 생각을 하는 걸까?》, 좋은책만들기
2. 마쓰마루 다이고, 《뇌가 섹시한 남자, 마음이 섹시한 여자》, 인사이드앤뷰
3. 마쓰마루 다이고, 《뇌가 섹시한 남자, 마음이 섹시한 여자》, 인사이드앤뷰
4. 마쓰마루 다이고, 《뇌가 섹시한 남자, 마음이 섹시한 여자》, 인사이드앤뷰
5. 마쓰마루 다이고, 《뇌가 섹시한 남자, 마음이 섹시한 여자》, 인사이드앤뷰
6. 마쓰마루 다이고, 《뇌가 섹시한 남자, 마음이 섹시한 여자》, 인사이드앤뷰
7. 김대식, 〈김대식의 브레인 스토리〉, 조선일보, 2016.06.15.
8. 마이클 거리언, 안미경 옮김, 《남자는 도대체 무슨 생각을 하는 걸까?》, 좋은책만들기
9. 마이클 거리언, 안미경 옮김, 《남자는 도대체 무슨 생각을 하는 걸까?》, 좋은책만들기
10. 마이클 거리언, 안미경 옮김, 《남자는 도대체 무슨 생각을 하는 걸까?》, 좋은책만들기
11. 〈남자와 여자는 '꿈의 내용'도 다르다… 과학적 분석〉, 서울신문, 2016.08.20.
12. 무라카미 류, 한성례 옮김, 《자살보다 섹스》, 자음과모음
13. 마쓰마루 다이고, 《뇌가 섹시한 남자, 마음이 섹시한 여자》, 인사이드앤뷰
14. 유정아, 《당신의 말이 당신을 말한다》, 샘앤파커스
15. 장필화 외, 《나의 페미니즘 레시피-우리 시대 페미니스트 15인의 현장이야기》, 서해문집
16. 시오노 나나미, 이현진 옮김, 《남자들에게》, 한길사
17. 마이클 거리언, 안미경 옮김, 《남자는 도대체 무슨 생각을 하는 걸까?》, 좋은책만들기
18. 〈The McGill Report of Male Intimacy〉의 구절이다.
19. 김형경, 《남자를 위하여》, 창작과비평
20. 김형경, 《남자를 위하여》, 창작과비평

21. 김형경, 《남자를 위하여》, 창작과비평

2. 남자의 질투가 더 무섭다

22. 김정운, 《남자의 물건》, 21세기북스
23. 노자, 《도덕경》, 67장 〈삼보편〉
24. 김형경, 《남자를 위하여》, 창작과비평
25. 김형경, 《남자를 위하여》, 창작과비평
26. 안경환, 《이야기 한마당》, 철학과현실
27. 해나 로진, 배현·김수안 옮김, 《남자의 종말》, 민음인
28. 해나 로진, 배현·김수안 옮김, 《남자의 종말》, 민음인
29. 김형경, 《남자를 위하여》, 창작과비평
30. 마이클 거리언, 안미경 옮김, 《남자는 도대체 무슨 생각을 하는 걸까?》, 좋은책만들기
31. 해나 로진, 배현·김수안 옮김, 《남자의 종말》, 민음인
32. 해나 로진, 배현·김수안 옮김, 《남자의 종말》, 민음인
33. 해나 로진, 배현·김수안 옮김, 《남자의 종말》, 민음인
34. 해나 로진, 배현·김수안 옮김, 《남자의 종말》, 민음인
35. 해나 로진, 배현·김수안 옮김, 《남자의 종말》, 민음인
36. 해나 로진, 배현·김수안 옮김, 《남자의 종말》, 민음인
37. 김정운, 《남자의 물건》, 21세기북스
38. 김정운의 《남자의 물건》에는 신영복의 벼루, 이어령의 책상, 문재인의 바둑판, 유영
   구의 지도, 차범근의 계란 받침대, 김문수의 수첩, 안성기의 스케치북, 조영남의 안경,
   이왈종의 면도기, 박범신의 목각 수납통 등이 소개되고 있다.
39. 김형경, 《남자를 위하여》, 창작과비평

3. 남자, 권력이라는 괴물에 사로잡히다

40. 이안 로버트슨, 이경식 옮김, 《승자의 뇌: 뇌는 승리의 쾌감을 기억한다》, 알에이치코리아
41. 〈세상에 '공짜'는 없다〉, 경향신문, 2016.08.01.

5. 화장을 하는 남자, 수염을 기르는 남자

42. 시오노 나나미, 이현진 옮김, 《남자들에게》, 한길사

43. 마쓰마루 다이고, 《뇌가 섹시한 남자, 마음이 섹시한 여자》, 인사이드앤뷰

44. 김정운, 《남자의 물건》, 21세기북스

45. 무라카미 류, 한성례 옮김, 《자살보다 섹스》, 자음과모음

46. 〈김이재의 지리적 상상력: 성형강국의 그림자〉, 경향신문, 2016.01.18.

47. 김형경, 《남자를 위하여》, 창작과비평

48. 에머 오툴 지음, 박다솜 옮김, 《여자다운 게 어딨어》, 창비

Part 2. 남자와 결혼

1. 남자는 도대체 무슨 생각을 하는 걸까?

1. 김영수 편역, 《임어당 산문집 '유머와 인생'》, 아이필드

2. 고병권, 《언더그라운드 니체: 고병권과 함께 니체의 서광을 읽다》, 천년의상상

3. 알랭 드 보통, 정미나 옮김, 《인생학교: 섹스에 대해 더 깊이 생각하는 법》, 샘앤파커스

4. 알랭 드 보통 지음, 김한영 옮김, 《낭만적 연애와 그 후의 일상》, 은행나무

5. 마이클 거리언, 안미경 옮김, 《남자는 도대체 무슨 생각을 하는 걸까?》, 좋은책만들기

6. 유발 하라리, 조현욱 옮김, 《사피엔스》, 김영사

7. 마이클 거리언, 안미경 옮김, 《남자는 도대체 무슨 생각을 하는 걸까?》, 좋은책만들기

8. 마이클 거리언, 안미경 옮김, 《남자는 도대체 무슨 생각을 하는 걸까?》, 좋은책만들기

9. 마이클 거리언, 안미경 옮김, 《남자는 도대체 무슨 생각을 하는 걸까?》, 좋은책만들기

10. 마이클 거리언, 안미경 옮김, 《남자는 도대체 무슨 생각을 하는 걸까?》, 좋은책만들기

11. 알랭 드 보통, 정미나 옮김, 《인생학교: 섹스에 대해 더 깊이 생각하는 법》, 샘앤파커스

12. 알랭 드 보통, 정미나 옮김, 《인생학교: 섹스에 대해 더 깊이 생각하는 법》, 샘앤파커스

13. 알랭 드 보통, 정미나 옮김, 《인생학교: 섹스에 대해 더 깊이 생각하는 법》, 샘앤파커스

14. 엘런 L. 워커, 공보경 옮김, 《아이 없는 완전한 삶》, 푸른숲

15. 엘런 L. 워커, 공보경 옮김, 《아이 없는 완전한 삶》, 푸른숲

16. 안경환, 〈친권허가제 소고〉

2. 섹스, 그리고 책임을 진다는 것

17. 유치환, 《구름에 그린다: 유치환 자작시 해설집》, 도서출판 경남

18. 베스 L. 베일리, 백준걸 옮김, 《데이트의 탄생: 자본주의적 연애제도》, 앨피

19. 베스 L. 베일리, 백준걸 옮김, 《데이트의 탄생: 자본주의적 연애제도》, 앨피

20. 베스 L. 베일리, 백준걸 옮김,《데이트의 탄생: 자본주의적 연애제도》, 앨피

21. 베스 L. 베일리, 백준걸 옮김,《데이트의 탄생: 자본주의적 연애제도》, 앨피

22. 마이클 거리언, 안미경 옮김,《남자는 도대체 무슨 생각을 하는 걸까?》, 좋은책만들기

23. 마이클 거리언, 안미경 옮김,《남자는 도대체 무슨 생각을 하는 걸까?》, 좋은책만들기

24. 리베카 솔닛, 김명남 옮김,《남자들은 자꾸 나를 가르치려 든다》, 창비

25. 안경환, '강간죄',〈사법행정〉Vol.29, No.12

26. 리베카 솔닛, 김명남 옮김,《남자들은 자꾸 나를 가르치려 든다》, 창비

27. 안경환,《법과 문학 사이》, 까치

28. 김형경,《남자를 위하여》, 창작과비평

29. 마이클 거리언, 안미경 옮김,《남자는 도대체 무슨 생각을 하는 걸까?》, 좋은책만들기

30. 〈최호열 기자의 호모 에로티쿠스: 성매매 트란스젠더 이김다례〉, 신동아, 2016.01.

31. 이영미,〈이영미의 대중예술: 사랑과 돈의 변주〉, 경향신문, 2016.07.26.

32. 안경환,《법, 영화를 캐스팅하다》, 효형출판

3. 남자는 왜 여자의 순결에 집착할까?

33. 권명아,〈세상 읽기: '망국병'과 여성 혐오〉, 한겨레신문, 2016.08.26.

34. 무라카미 류, 한성례 옮김,《자살보다 섹스》, 자음과모음

35. 넷째 날 이야기 도입부에 다음과 같은 저자의 변이 담겨 있다. "내가 정숙하지 못한 부인들을 두둔한다거나 탈선을 부추긴다는 비난이 적지 않습니다. 이렇듯 쏟아지는 시기와 질투에 심지어 생명의 위협도 느꼈습니다."

36. 한스 요아힘 마츠, 이미옥 옮김,《릴리스 콤플렉스》, 참솔

37. 한스 요하임 마츠, 이미옥 옮김,《릴리스 콤플렉스》, 참솔

38. 〈'유혹'이 있어 우리 삶이 아름답고 윤택해지죠〉, 한겨레신문, 2016.06.20.: 이서희,《유혹의 학교》, 한겨레출판

39. 권인숙,〈20대 여성 가방 속 콘돔, 세상을 바꾼다〉, 한겨레신문, 2016.07.27.

40. 알랭 드 보통, 정미나 옮김,《인생학교: 섹스에 대해 더 깊이 생각하는 법》, 샘앤파커스

4. 남자에겐 감출 수 없는 본능이 있다

41. 유기환,《조르주 바타이유》, 살림

42. 시오노 나나미, 이현진 옮김,《남자들에게》, 한길사

43. 알랭 드 보통, 정미나 옮김,《인생학교: 섹스에 대해 더 깊이 생각하는 법》, 샘앤파커스

44. 김형경, 《남자를 위하여》, 창작과비평

45. 알랭 드 보통, 정미나 옮김, 《인생학교: 섹스에 대해 더 깊이 생각하는 법》, 샘앤파커스

46. 알랭 드 보통, 정미나 옮김, 《인생학교: 섹스에 대해 더 깊이 생각하는 법》, 샘앤파커스

47. 알랭 드 보통, 정미나 옮김, 《인생학교: 섹스에 대해 더 깊이 생각하는 법》, 샘앤파커스

48. 알랭 드 보통, 정미나 옮김, 《인생학교: 섹스에 대해 더 깊이 생각하는 법》, 샘앤파커스

49. 안경환, 《윌리엄 더글라스 평전: 위대한 이름, 불행한 인간》, 라이프맵

50. 김지수, 〈법가法家의 만남 – 윌리엄 더글라스 평전을 읽고 전통 법문화를 돌아보며〉, 중앙대 법학논문집(40권 1호)

51. 알랭 드 보통, 정미나 옮김, 《인생학교: 섹스에 대해 더 깊이 생각하는 법》, 샘앤파커스

52. Roe v. Wade, 410. U.S. 113(1973)

53. 알랭 드 보통, 정미나 옮김, 《인생학교: 섹스에 대해 더 깊이 생각하는 법》, 샘앤파커스

54. 알랭 드 보통, 정미나 옮김, 《인생학교: 섹스에 대해 더 깊이 생각하는 법》, 샘앤파커스

55. 무라카미 류, 한성례 옮김, 《자살보다 섹스》, 자음과모음

56. 안경환, 《법과 문학사이》, 까치

57. 알랭 드 보통, 정미나 옮김, 《인생학교: 섹스에 대해 더 깊이 생각하는 법》, 샘앤파커스

58. 알랭 드 보통, 정미나 옮김, 《인생학교: 섹스에 대해 더 깊이 생각하는 법》, 샘앤파커스

5. 성소수자, 다름과 틀림에 관한 이야기

59. 김조광수·김승환 번역문.

60. 문경란, 홍성수 편, 《서울시민 인권헌장》, 경인문화사

61. 김진호, 〈동성애 혐오증과 교회 부채〉, 경향신문, 2016.06.18.

62. 한겨레신문, 2016.07.23.

Part 3. 남자와 사회

1. 한국, 한국인의 운명

1. 박완서 산문집, 《못 가본 길이 더 아름답다》, 현대문학

2. 김성한, 《김성한 역사기행, 일본 속의 한국》, 사회발전연구소

3. 키르스텐 세룹 빌펠트, 문봉애 옮김, 《걸림돌》, 살림터

4. 〈나는 한국인도 일본인도 아닌 두 나라에 끼인 層間人〉, 조선일보, 2016.06.13.

5. 안경환, 《황용주: 그와 박정희의 시대》, 까치

6. 신영복, 《강의》, 돌베개
7. 한스 요아힘 마츠, 이미옥 옮김, 《릴리스 콤플렉스》, 참솔
8. 墨子 〈非功〉
9. 안경환, 〈타이완을 홀대할 수 없는 까닭은〉, 조선일보, 2016.05.12.

2. 군대, 의무라는 이름의 천형

10. 이석연 편저, 《호모 비아토르의 독서노트》, 와이즈베리
11. 권인숙, 《대한민국은 군대다》, 청년사
12. 박노자, 《주식회사 대한민국》, 한겨레출판사
13. 〈"양성평등·병력 충원"… 여성 징병제 글로벌 이슈로〉, 서울신문, 2016.06.18,
14. 권인숙, 〈모병제, 여성에게 취업 길 열린다〉, 한겨레신문, 2016.09.20.
15. 안경환, 〈자유와 자율로 강한 군대를!〉(모병제 희망모임 제1차 토론회 기조 발제문), 2016.09.05.

3. 신이 사라진 세상을 생각한다

16. 유발 하라리, 조현욱 옮김, 《사피엔스-유인원에서 사이보그까지 인간 역사의 대담하고 위대한 질문》, 김영사
17. 유발 하라리, 조현욱 옮김, 《사피엔스-유인원에서 사이보그까지 인간 역사의 대담하고 위대한 질문》, 김영사
18. 유발 하라리, 조현욱 옮김, 《사피엔스-유인원에서 사이보그까지 인간 역사의 대담하고 위대한 질문》, 김영사
19. 유발 하라리, 조현욱 옮김, 《사피엔스-유인원에서 사이보그까지 인간 역사의 대담하고 위대한 질문》, 김영사
20. 고병권, 《언더그라운드 니체》, 천년의 상상
21. 피터 왓슨, 정지인 옮김, 《무신론자의 시대》, 책과함께
22. 안경환, 〈한국문학사의 라이벌론 3부작: 독서세대 지식인의 자서전〉, 김윤식, 《문학사의 라이벌 의식2》, 그린비
23. 신영복, 《강의》, 돌베개
24. 에드워드 윌슨, 최재천·장대익 옮김, 《통섭: 지식의 대통합》, 사이언스북스
25. 리처드 도킨스, 홍영남·이상임 옮김, 《이기적 유전자》, 을유문화사

26. 로널드 드워킨, 김성훈 옮김,《신이 사라진 세상: 인간과 종교의 한계와 가능성에 관한 철학적 질문들》, 블루엘리펀트

27. 로널드 드워킨, 김성훈 옮김,《신이 사라진 세상: 인간과 종교의 한계와 가능성에 관한 철학적 질문들》, 블루엘리펀트

28. 〈책과삶: '불신사회'의 역설…그들은 왜 종교를 더 믿을까〉, 경향신문, 2016.09.24.

29. 아라 노렌자얀, 홍지수 옮김,《거대한 신, 우리는 무엇을 믿는가》, 김영사

30. 조수철,《시작도 끝도 없다. 정년퇴임을 맞으며》, 학지사

31. 조수철,《시작도 끝도 없다. 정년퇴임을 맞으며》, 학지사

32. 〈돈만 밝히는 기복신앙… 한국불교와 인연 끊겠다〉, 문화일보, 2016.07.29.

33. "2016 가을호 특별좌담: 한류, 한국문화의 세계화인가?", 〈계간 철학과 현실〉

34. 이영희,《비종교적 삶의 길》, 백산서당

35. 알랭 드 보통, 박중서 옮김,《무신론자의 종교》, 청미래

36. 남재희,《남재희가 만난 통 큰 사람들》, 리더스하우스

37. 알랭 드 보통, 박중서 옮김,《무신론자의 종교》, 청미래

4. 사이버시대, 재앙인가 축복인가

38. 마이클 린치, 이충호 옮김,《인간 인터넷》, 사회평론

39. 허먼 멜빌, 안경환 옮김,《바틀비/ 베니토 세레노/ 수병, 빌리 버드: 허먼 멜빌 법률 삼부작》, 홍익출판사

40. 알랭 드 보통, 정미나 옮김,《인생학교: 섹스에 대해 더 깊이 생각하는 법》, 샘앤파커스

41. 만프레드 클라인스와 네이션 클라인이 '사이버네틱스cybernetics'와 '기관organism'의 두 단어를 합성하여 만든 말이다.

42. 크리스 그레이, 이인식 해제, 석기용 옮김,《사이보그 시티즌》, 김영사

43. 미국 연방헌법의 권리장전이 최초의 10개 헌법수정조항수정 1~10조을 유념한 것임은 물론이다.

44. 마이클 린치, 이충호 옮김,《인간 인터넷》, 사회평론

45. 크리스 그레이, 이인식 해제, 석기용 옮김,《사이보그 시티즌》, 김영사

46. 크리스 그레이, 이인식 해제, 석기용 옮김,《사이보그 시티즌》, 김영사

47. 유승찬, 〈미디어세상: 메갈리아, 인터넷셔츠〉, 경향신문, 2016.08.01.

48. 마쓰마루 다이고,《뇌가 섹시한 남자, 마음이 섹시한 여자》, 인사이드앤

49. 〈"내 스타일이야" 터치… 소개팅도 앱으로〉, 조선일보, 2016.07.28.

50. 이승원, 《사라진 직업의 역사》, 자음과모음

Part 4. 남자의 눈물

1. 모두가 힘들다

1. 구리하라 야스시 지음, 서영인 옮김, 《학생에게 임금을》, 서유재
2. 구리하라 야스시 지음, 서영인 옮김, 《학생에게 임금을》, 서유재
3. 구리하라 야스시 지음, 서영인 옮김, 《학생에게 임금을》, 서유재
4. 구리하라 야스시 지음, 서영인 옮김, 《학생에게 임금을》, 서유재
5. "For our country to love us as much as we love it. That's what I want." 〈Rambo: First Blood Part II〉, 1985.
6. "Ask not what your country can do for you-Ask what you can do for your country."
7. 박노자, 《주식회사 대한민국》, 한겨레출판사
8. 사스키아 사센, 박슬라 옮김, 《축출 자본주의》, 글항아리
9. 〈책과 삶: 경제가 살아났다는 건, 누군가의 삶이 사라졌다는 것〉, 경향신문, 2016.05.28.
10. "All Animals Are Equal. But Some Animals Are More Equal Than Others." 조지 오웰, 《동물농장》, 안경환 옮김, 홍익출판사
11. "All animals are born equal-what they become is their own affair."
12. 나오미 클라인, 이순희 옮김, 《이것이 모든 것을 바꾼다》, 열린책들
13. 나오미 클라인, 김소희 옮김, 《쇼크 독트린》, 살림Biz
14. 무라카미 류, 한성례 옮김, 《자살보다 섹스》, 자음과모음
15. 무라카미 류, 한성례 옮김, 《자살보다 섹스》, 자음과모음
16. 무라카미 류, 한성례 옮김, 《자살보다 섹스》, 자음과모음
17. 김형경, 《남자를 위하여》, 창작과비평
18. 무라카미 류, 한성례 옮김, 《자살보다 섹스》, 자음과모음
19. 김형경, 《남자를 위하여》, 창작과비평

2. 가끔은 남자도 울고 싶다

20. 베아테 바그너 외, 유영미 옮김, 《남자, 죽기로 결심하다》, 시공사
21. 김형경, 《남자를 위하여》, 창작과비평
22. 조슈아 울프 솅크 지음, 이종인 옮김, 《링컨의 우울증》, 랜덤하우스코리아: 〈Abraham

Lincoln〉(영화), D.W. Griffith(감독)

23. 안경환, 《법, 셰익스피어를 입다》, 서울대학교 출판문화원

24. 한동안 소식이 뜸하더니만 다른 병으로 타계했다는 안타까운 소식을 들었다.

25. 김형경, 《남자를 위하여》, 창작과비평

26. 포브스 윈슬로, 유지훈 옮김, 《자살의 해부학》, 유아이북스

27. 포브스 윈슬로, 유지훈 옮김, 《자살의 해부학》, 유아이북스   .

28. 포브스 윈슬로, 유지훈 옮김, 《자살의 해부학》, 유아이북스

29. 정찬, 〈전혜린과 이덕희, 아웃사이더의 죽음〉, 경향신문, 2016.08.26.

30. 포브스 윈슬로, 유지훈 옮김, 《자살의 해부학》, 유아이북스

31. 포브스 윈슬로, 유지훈 옮김, 《자살의 해부학》, 유아이북스

3. 세상은 나에게 술을 마시라 한다

32. 김윤식, 《문학사의 라이벌 의식》, 그린비

33. 김윤식, 〈김동리와 그의 시대〉, 민음사

34. 패트릭 E. 맥거번, 김형근 옮김, 《술의 세계사》, 글항아리

35. 유기환, 《조르주 바타이유》, 살림

36. 유기환, 《조르주 바타이유》, 살림

37. 酒侍(주시). 아랍어로 캄리야트, khamriyyat

38. Umar ibn Abi Rabi'ah al-Makhzumi(644-712)

39. 김중식, 〈김시인의 페르시아 산책(6): 시라즈, 시의 왕국〉, 경향신문, 2016.06.04.

40. 김중식, 〈김시인의 페르시아 산책(6): 시라즈, 시의 왕국〉, 경향신문, 2016.06.04.

41. 패트릭 E. 맥거번, 김형근 옮김, 《술의 세계사》, 글항아리

42. 패트릭 E. 맥거번, 김형근 옮김, 《술의 세계사》, 글항아리

4. 나이 듦의 빛과 그림자

43. 김정운, 《남자의 물건》, 21세기북스

44. 이석연 편저, 《호모 비아토르의 독서노트》, 와이즈베리

45. 이봉규, 《남자의 독립》, 프롬북스

46. 김형경, 《남자를 위하여》, 창작과비평

47. 이봉규, 《남자의 독립》, 프롬북스

48. 베스 L. 베일리, 백준걸 옮김, 《데이트의 탄생: 자본주의적 연애제도》, 앨피

49. Law is the wisdom of the old, impotent grandfather shrilly scolds.

50. Grandchildren put out treble tongue, Law is the sense of the young. ('treble'
은 '세 배'의 길이나 양을 의미하는 법률용어이기도 하다.)

51. 알랭 드 보통, 정미나 옮김, 《인생학교: 섹스에 대해 더 깊이 생각하는 법》, 샘앤파커스

52. 〈중산층에 닥치는 '실버 파산'〉, 조선일보, 2016.09.09.

53. 하라야마 료, 우에노 치즈코 해설, 류순미 · 송경원 옮김, 《아들이 부모를 간병한다는
것》, 어른의시간

54. 김정운, 《남자의 물건》, 21세기북스

55. 이석연 편저, 《호모 비아토르의 독서노트》, 와이즈베리

56. 김성식, 《쓴 소리 곧은 소리》, '명사의 몸가짐'; 이석연 편저, 《호모 비아토르의 독서노
트》에서 재인용

Photo Credit

010   https://www.flickr.com/photos/jemaleddin/137252626
026   https://www.flickr.com/photos/ergsart/21755593314
044   https://www.flickr.com/photos/sarah_c_murray/4083734646
062   https://www.flickr.com/photos/fotografia32/10905805945
072   https://www.flickr.com/photos/anonymous9000/2663311480
082   https://www.flickr.com/photos/gnc1000/5952283513
098   https://www.flickr.com/photos/55229469@N07/14085259716
114   https://www.flickr.com/photos/velikodniy/7228070880
130   https://www.flickr.com/photos/paulhorner/4271202133
144   https://www.flickr.com/photos/konfeta/5812588352
156   https://www.flickr.com/photos/nagy/17695881
172   https://www.flickr.com/photos/dvids/8498707378
186   https://www.flickr.com/photos/lloydm/16071086979
200   https://www.flickr.com/photos/funnypolynomial/8432398736
216   https://www.flickr.com/photos/emmanueldyan/5747811157
228   https://www.flickr.com/photos/bixentro/5263832938
244   https://www.flickr.com/photos/emmanueldyan/5748349328
264   https://www.flickr.com/photos/velikodniy/7228070880

남자란 무엇인가

초판 1쇄 발행일 2016년 11월 30일
초판 3쇄 발행일 2017년 01월 02일

지은이   안경환
발행인   이승용
주간   이미숙
편집기획부 김상진 송혜선   **디자인팀**   황아영 송혜주
마케팅부   송영우 박치은   **경영지원팀**   이지현 김지희

발행처   (주)홍익출판사
출판등록번호 제1-568호
출판등록   1987년 12월 1일
주소   [04043]서울 마포구 양화로 78-20(서교동 395-163)
대표전화   02-323-0421   **팩스** 02-337-0569
메일   editor@hongikbooks.com
홈페이지   www.hongikbooks.com

ISBN 978-89-7065-555-0 (03100)

이 도서의 국립중앙도서관 출판예정도서목록(CIP)은 서지정보유통지원시스템 홈페이지(http://seoji.nl.go.kr)와
국가자료공동목록시스템(http://www.nl.go.kr/kolisnet)에서 이용하실 수 있습니다.
(CIP제어번호: CIP2016027450)